ぼくたちの英語

黒田 龍之助

三修社

目次

ぼくたちの英語

この本は、中学校や高校で英語を教えている教師に向けられた、一つのメッセージである。

0

はじめに

わたしは英語教師ではない。

いや、五年間だけ、大学で英語を教えていたことがある。しかし、中学や高校で教壇に立った経験はまったくない。そんな人間が送るメッセージである。個性的といえば聞こえはいいが、いささか不安も拭《ぬぐ》いきれない。

そもそも英語の専門家ではない。中学や高校で英語を担当する教師は、大学の教育学部や文学部・外国語学部などで、専門的に英語に取り組んできたのだろう（たぶん）。教員免許や採用試験のために、さぞや多くの時間を英語のために捧《ささ》げてきたのではないか（と勝手に想像する）。

ところがわたしときたら、中学や高校はもちろん、大学でも英語をそれほど勉強してきたわけではないし、教員免許はどんな教科だろうがいっさい持っていない。大学の教師に免許は不要なのである。不安は募《つの》るばかりだ。

大学から大学院では何をやっていたかといえば、ロシア語を中心としたスラブ諸語を専攻していた。ということで、ロシア語は大学、専門学校、企業研修といったさまざまな場面で、長いこと教えてきた経験がある。ＮＨＫのテレビやラジオで講師も務めた。

だからといって、ロシア語教育の専門家かと問われれば、ちょっと悩む。そもそも日本において、「ロシア語教育」なんていう分野が存在するかどうか、多分に怪しい。少なくともわたしは、ロシア語教育について何も知らない。そうそう、ロシア語教師の免許もまた、当然ながら持っていない。

だいたい、自分のことを教育の専門家と思ったことがないのだ。これまでの授業にしても、教育者として何かの理論に基づいて……というのからはほど遠く、自分がそれまで習ってきたときのことを思い出しながら、見よう見まねでその場をしのいできたのに過ぎない。

そりゃ、いろいろ工夫はしてきた。わたしの授業が楽しいといってくれる学生もたくさんいた。どうもありがとう。しかしそれは、自分自身が授業中に楽しい時間を過ごしたいという、多分に利己的な理由からであって、とくに教育に燃えていたわけではない。本来、性格的にあまり熱くなるタイプではなく、体温も常に低い。

言語が好きである。言語学を勉強したり、教えたりしながら、ことばについては常日頃からいろんなことを考えている。考えることも好きなのである。言語学には外国語の授業へのヒントがたくさん詰まっているので、そこから教育のことも考えるようになっていた。

だがそれだったら、外国語教育だけでなく、国語教育に対しても同様だろう。わたしがかつて書いた拙文《せつぶん》が、高校の教科書に採用されたことがあるのだが、そのときは現代文であった。大学入試で使う場合も国語の試験であり、少なくとも英語ということは絶対にない（と思っていたら、和文英訳の問題に使用されたことを最近になって知り、ビックリした）。

そんなわたしが、どうして中学や高校の英語教師に向けてメッセージを送りたいと考えたのか？

CくんとPくん

わたしの教え子には、英語教師になった者が何人かいる。

その中でもとくに、わたしが英語を教えていた頃に出会った二人の若い英語教師とは、今でもお互い頻繁に連絡を取り合い、月に一回くらいは必ず会っている。わたしと違い、現役の英語教師はさぞや忙しいだろうにと想像するのだが、二人ともよく付き合ってくれる。

Cくんは関東近県の県立高校に勤務する。それほど扱いやすい生徒ばかりではない、なかなかタイヘンな学校に勤めて三年目になるのだが、いつも落ち着いていて手際も良く、面倒な事務作業も持ち前の要領の良さで賢《かしこ》くこなす。ふだんからよく読書し、自分の英語力を伸ばすための努力を怠《おこた》らない。

Ｐくんは都内の私立高校で英語を教えている。彼はＣくんと同期だったのだが、大学卒業後すぐに教師になることができず、二年間は非常勤講師をしながら採用試験を受け続けたのち、やっと専任となった。スポーツ系部活に熱心な男なのだが、いわゆる体育会系からはほど遠く、おっとりした優しいタイプ。彼もまた、英語をもっと勉強しなければと、毎日頑張っているのである。

現在二十代半ばという年齢の二人は、数年前、大学二年生のときに英語学の演習を、三年生では語用論 pragmatics を、このわたしから習った。学内出講で文学部も担当していたからなのだが、わたしから二年間も英語を習うような不幸な目に遭《あ》ったのは、彼らの学年のほかにない。しかも当時の学生たちは、わたしを英語の専門家だと信じて疑わなかった。授業中に自分の専門分野の話など特にしなかったためで、当然といえば当然である。

Ｃくんと Ｐくんが大学を卒業し、ちょうど同じ年にわたしも大学の英語教師時代に終止符を打った。久しぶりに彼らと再会し、わたしが実は英語の専門家でないことを伝えたのだが、初めはなかなか信じてもらえなかった。Cくんは後にラジオでわたしのロシア語講座まで聴いてくれたのだが「それでも信じられません」とのこと。

CくんとPくんにとって、わたしは最も奇妙な英語教師に違いない。

さて、こんな三人がときどき集まるとなれば、話題はもちろん英語のことに決まっている。だが、英語の指導法とか教育メソッドについて話すことはまずない。教師としてのさまざまな煩《わずら》わしい雑務などについても同様だ。困った生徒とかおもしろい生徒については多少話題になるが、それがメインでもない。

では、いったい何か。

英語そのものについての話である。

英語の辞書や文法書の話。珍しい綴《つづ》りの単語の話。発音のバリエーションの話。アメリカ映画やイギリス映画のＤＶＤの話。購読している英字新聞で見つけた表現の話。そして三人がとくに好きなのは、マザーグースなどの英語圏文化の話。こんな話題を肴《さかな》に、ずっとビールを飲んでいる。

それが楽しいのである。

わたしは彼らと会うたびに感じる。英語って、なんて魅力的で、奥が深くて、難しいけど、楽しいんだろう!

世間が騒ぐ「楽しくない英語」

ところが、である。このような気持ちを常に持ち続けるのは難しい。それどころかふだんは、英語の楽しさを忘れそうになってしまう。

だって、世間で騒がれている英語って、ちっとも魅力的じゃないんだもん!

英語は常に世間を賑《にぎ》わせている。

まず、マスコミは英語の話題が大好きである。日頃より英語の必要性を説き、英語のできる優秀な人を褒《ほ》め称《たた》える。幼児が英語を話すだけで天才扱いする。政治家や芸能人、野球選手の英語力までチェックしてくださる。テレビで日本人キャスターが英語でインタビューをするとき、アメリカ人の発言は吹き替えても、キャスターの英語はありがたく聞けるようにという配慮からか、日本語字幕を付けるほど行き届いている。人生の成功者というのは英語ができるものなのだということを、わかりやすく示す。

企業も英語を重視する。英語は経済とか産業とか貿易などと、深く結びついている。不幸にしてわたしはどれもまったく興味が持てないのだが、日本人がそのような分野で成功するためには、英語が何より重要らしい。その割には企業のトップが英語を話しているところを見るのは稀《まれ》なのが、なんとも不思議である。

大学だって英語教育に力を入れる。企業が英語のできる人間を求めれば、それに応じるため素直に努力する。現在の大学はそのほとんどが「就職予備校」なのである。研究分野でも同様に、論文は英語で書くことが奨励《しょうれい》される。英語で書けば、世界中の人に読んでもらえる。論文なんて星の数ほどあるのに、英語で書きさえすれば、内容いかんにかかわらず、注目されると信じている。

ここまで重視されると、英語のできない日本人は、お先真っ暗な気分になる。しかし心配無用、その受け皿として、英語の学習が至るところで奨励されている。英語にお金と時間をかけることは、すばらしいことなのだ。

みんな、もっと英語を勉強しようよ！

Let's study English!

こうして英語能力の有無による搾取《さくしゅ》の構造が生まれる。

なんだか愚痴っぽいなあ。自分で書いていてイヤになる。

でも、そんな話ばかりを毎日のように聞かされていると、英語そのものの楽しさを、忘れてしまいそうになるのである。

まずは教師にわかってもらいたい

楽しくはなくとも、人生で成功するために不可欠な英語。

そんな考え方をしているのは、大人だけではない。わたしがかつて教えた大学生たちも、世間が吹聴《ふいちょう》する英語観を同様に信じきっていた。

「英語は世界に通じることばである」

「英語さえできれば国際的に活躍できる」

「これからは英語ができなければ生きていけない」

そういうことを声高に唱える大学生に限って、英語ができる者は少ないのに。

それにしても、生まれて二十年くらいしか経過していないのに、ここまでステレオタイプな意見を持つのは、なぜだろうか。

あれこれ考えてみたのだが、大学へ入ってくる以前に、そのような考え方を押し付けられてくるとしか思えない。マスコミに加えて、親や教師のいうことを、子どもが素直に受け入れてしまった結果ではないか。昔から素直でなかったわたしとしては、真に驚くべき事実である。

中でも教師は重要な役割を果たす。これは大学生との対話を通して感じたことだ。中学校や高校の教師が与える影響は絶大で、大学教師の比ではない。何気なく発した一言が、生徒の進路を決定することだってある。それが大学生になってからも、いや、その後の人生までも左右しかねないほどなのだ。

つまり、ポイントは教師なのである。

教師が楽しさを伝えれば、生徒の英語観はずっとよくなる。CくんやPくんのように、英語が楽しいと感じている教師だってたくさんいるはずだ。反対に「英語ができれば出世できる」とか「〇〇語なんて勉強してもしょうがない」などと宣伝すれば、生徒にとってそれが常識になってしまう。そういう偏見を吹き込んでほしくない。

そのためには、まず教師自身にわかってもらわなければならない。

英語とは、日本語とは、言語とは何か。

こういうことを英語教師に、とくについ最近まで自分も中高生だった若い英語教師に、考えてほしい。

こうして、メッセージを送ることを考えついたのである。

もう一度繰り返すが、わたしは英語教師ではない。そんなわたしの意見なのだから、どうぞ気軽に読んでください。

そして、この本を通して、英語ってこんなに魅力的だったんだということを、もう一度思い出してほしいのである。

1

世間が期待する英語

どうして英語教師なのか

そもそも、CくんとPくんはどうして英語教師を目指したのか。改めて考えてみれば、その理由を知らないことに気づいた。そうか、ではここから始めることにしよう。

とはいえ、いつも会っている二人を相手に、面と向かって質問するのはなんだか気恥ずかしい。そこでアンケート形式で答えてもらい、その結果を見ながら話していくことにした。

Q1　英語教師になろうと考えたのはいつ頃ですか？
(1)　高校時代以前
(2)　大学時代
(3)　教師にはなりたくなかった

この質問には二人とも(1)と答えた。どちらも高校時代だったという。そうすると、教師を目指して文学部へ入ってきたことになる。ちなみにCくんは教育学部も受験したという。へー、そうなんだ。そんなに早くから決めていたんだ。ちなみに、わたしだったら(3)って答えるけどな。

それでは、英語ではなくて他の科目という可能性はなかったのだろうか。

Q2　はじめから英語教師になろうと考えていましたか？

(1)　はじめから英語教師になりたかった

(2)　他の科目の教師になりたかった

(3)　だから、教師にはなりたくなかったんだってば！

Pくんは(1)を答えたのに対して、Cくんは(2)。

C「日本史が好きで、歴史の先生になりたいなんて考えていました」

日本史というのはちょっと意外だったが、Cくんは英語教師となった今でも歴史が好きだから、そういう意味ではわかる。

それよりも注目したいのは、Pくんが最初から英語を教えることを目指していたのに対し、

Cくんの場合はまず「教師になりたい」という気持ちがあり、それから英語という方向を決めたことだ。

どうして英語なのだろうか。英語が得意だったからかな。

Q3　高校時代に英語が得意でしたか？

(1)　得意だった

(2)　不得意だった

(3)　高校に英語の授業がなかった

今回もPくんは(1)だった。

P「授業を聞いて、少しずつ英語がわかってきて、その結果としてテストの点も取れるようになり、それが嬉しかったですね」

なるほど、そうやって勢いがつけば、勉強も自然と進む。高校生くらいまでは、何かのきっかけで興味を持ち、そのため成績が急に伸びたりすることがあるものだ。反対に一度つまずくと、立ち直るのが難しい。

一方、Cくんは(2)を選んだ。

C「英語はそんなに得意ではなかったですね」

やっぱり日本史が得意だったわけか。じゃあ、どうして英語に目覚めるの？

C「それが大学受験のために、苦手な英語をなんとかしなくちゃと考えて、『総合英語フォレスト』（桐原書店）を読むことにしたんです」

ああ、あれはよく出来ている文法書だよ。ただ、レベルもそれなりに高いから、読んできちんと理解できる高校生ばかりではないだろうけど。

C「それで理解を積み重ねていくうちに、なんだか英語が楽しくなってきて」

それで日本史から英語へと変更したわけか。なるほど。

考えてみれば、PくんもCくんも、英語に興味を持つきっかけは同じなのかもしれない。

わかるようになって嬉しい。

嬉しいから勉強して、さらにわかるようになる。

こんな感じで軌道に乗れると、学習が俄然《がぜん》はかどるのである。まあ、その軌道に乗せるまでが難しいんだけどね。

英語が得意になったきっかけはわかったが、じゃあ英語がいちばん得意な科目だったのだろうか。

> Q4　高校時代に英語より得意な科目がありましたか？
> ⑴　あった
> ⑵　なかった
> ⑶　高校時代の記憶がない

これには二人とも⑴と答えた。Cくんは当然ながら日本史。Pくんは意外なことに体育と国語だったという。そうなの、Pくん。そういえば、体育会系部活のコーチだよね。でも君ってときどき日本語ヘンだよ。まあ、それは関係ないか。

とにかく二人とも、いちばん得意な科目ではなく、だんだんと伸びていく過程に嬉しさを感じた英語を選んだわけだ。

そういう教師って、なかなかいいんじゃないか。

最初から得意科目を教える教師が優れているとは限らない。挫折したり、悩んだりしながら、だんだんと成長していった経験のある教師のほうが、教育において力を発揮することだってある。わからない生徒の気持ちが理解できるのは、大切なこと。これは教育学の専門家でなくても、想像できるだろう。

だが、世間も同じように考えているのだろうか。

英語教師の英語力

世間では「英語教師はとにかく英語ができること」という要求が、ほかの科目に比べても特に強いように感じる。

もちろん、英語ができない英語教師は困る。そもそも、知らないことは教えられない。また勉強しない英語教師もダメである。外国語学習には終わりがなく、教員免許を取得し、教員採用試験に合格したあとも、勉強は続けなければならない。

とはいえ、外国語に完璧ということはない。

たとえば、日本人の英語教師がネイティブ並みに英語を操《あやつ》ることは難しい。ネイティブって、いったいどういう人のことを指すのか、本当はあいまいなのだが、とにかく日本語環境である程度の時間を過ごした人間にとって、英語は永遠に外国語である。仕方のないことだが、悲しむことでもない。日本人英語教師には、ネイティブにはない利点がたくさんある。なによりも、外国語として苦労して学習してきたからこそ、教えることができるのではないか。日本語について考えてみてもわかるだろう。日本人なら誰でも日本語教師になれるわけではない。

それなのに、世間は英語教師にネイティブのような「ペラペラ」を要求するのである。

イヤな風潮だよね。

教師は科目において優れた能力を発揮するばかりが、能ではないのに。

だって、音楽教師はピアニストや歌手ではないし、美術教師は画家ではない。国語教師は作家ではないし、理科教師は発明家ではなく、体育教師も当然ながらオリンピック選手ではないではないか。そういう人がいてもいいけれど、全員がそうである必要はなく、それは世間も認めている。

ところが英語教師に対しては厳しい。

「ペラペラであること」が当然だと思われているのだ。

過酷である。日本語環境で生まれ育った英語教師に、ペラペラを要求するのは、音楽教師に対してコンサートが開けるほどのピアノの腕前を求めるのと変わらない。体育教師にオリンピックで金メダルを取ってくることを要求しているようなものではないか。そんな無茶な。

これは「英語は国際社会に不可欠だ」とか「英語ができないとお先真っ暗だ」というようなウワサを信じている結果として、英語という科目に対して期待が高まりすぎているからかもしれないが、まあ迷惑な話だ。

だが、こういう傾向は収まる気配が一向にない。英語教師に対する世間の風当たりは、この先もますます強まっていくことだろう。挫折や苦悩を通して成長してきた教師、わからない生徒の気持ちが理解できる教師には、甚《はなは》だ不利な情勢だ。英語は数ある科目の中で、なんとも特殊な位置を占《し》めるようになってしまったのである。

だからといって、いちいち傷ついてはいけない。そんなことでは、体がもたないよ。精神的に強くなければ、いや、少なくとも、つまらないことを受け流せるようでなければ、英語教師はやっていけないのである。

そこで、「受け流し方」を考えることにしよう。

世間が期待する勝手な英語と英語教師像を想像して、そこから対策を立ててみるのである。

いったい、世間ではどんな英語教育が理想とされているのだろうか。

入試対策の英語

まずは入試である。

中学生には高校受験、高校生には大学受験が、それぞれ近い将来に待ち構えている。しかも英語は、幸か不幸か「重要科目」。高校受験では、英語が不可欠といっていい。大学入試でも英語は非常に重視される。それも文学部や外国語学部に限らない。医学部だろうが工学部だろうが、あらゆる学部学科が英語を課す。法学部や政経学部なんて、「政治経済」は課さないけれど英語だけは必修というところが珍しくないし、それを誰も疑問に感じていない。わたしは長年疑問なのだが。

このように英語の成績が進学に多大な影響を与える以上、中学や高校の英語教師も、これを完全に無視するわけにはいかない。教師という仕事はサービス業の面も持つので、お客さまの要望に応える必要がある。授業を入試対策講座にしないまでも、将来の受験で必要になりそうな知識を生徒たちに与えたい。良心的な教師なら、どうしてもそう考えてしまう。

《入試英語対策のうまい教師が、よい英語教師》

そんなふうに考える生徒はいる。保護者もいるかもしれない。それに「あの先生に習うと入試英語に強くなる」なんて評判が立つと、教師自身だってまんざらでもない気分になる。若い教師にとっては、入試英語に通じていることが技術的に優れているようにさえ思えるのではないか。

入試英語は、成果が現れやすい。しかも教師にとって、目的を絞《しぼ》って教えるのは、ある意味やりやすい。生徒にしても、間近に迫った目標があれば、勤勉に勉強するだろうし、合格すれば達成感も得られる。どちらにとっても、非常に具体的であり、魅力的な話なのである。

ところがわたしというヒネクレ者は、もうちょっと違ったふうに考えてみたくなる。人生に目標を持つことは、なんとなくよいこととされているが、そもそもそれって、どこまでホントなのだろうか。

たとえばわたしの経験からすると、目標をしっかりと持って大学へ入った学生に限って、興味の幅が狭《せま》い。やりたいことがあまりにも明確なため、他のことに時間を割くのは無駄と考えているのだ。理工学部あたりでは、外国語なんて要領よく単位がとれさえすれば、ハイさようなら。

いわゆる教養科目を教えていた大学教師として、これにはガッカリした。目標を持っている人は、最短距離を目指すため、無駄を省きたい。当然だが、わたしのような教師のことなんか、まったく相手にしてくれない。こっちだって拗《す》ねてしまう。フンだ。

人生は迷いの多いもの。

そう考えているせいか、あまりにしっかりとした目標を持って脇目も振らず突き進んでいる人を見ると、どうも違和感を持ってしまう。そういう人の行きつく先って、なんだか薄っぺらいんじゃないか。

いやいや、こんなことを想像するのは、わたしの悪いクセ。

それにしても、入試英語に疑問を持つ教師はいるはずだ。入試という短絡的な「やる気」を、授業に利用することに後ろめたさを感じる。受験だけにターゲットを絞った授業には、なんとなく抵抗がある。こんな悩みを抱えた教師だっているのではないか。

中学や高校の英語は、入試のためだけに存在するのではない。ニーズにはある程度応えていかなければならないが、それだけを目指すのは教育としてやっぱり歪《ゆが》んでいるし、そもそも寂しい。こんなふうに原点に立ち戻って考えることだって、大切なはず。

では、何を教えたらいいのだろうか。

「ホンモノの英語」

入試に期待を寄せる一方で、世間では「ホンモノの英語」を求める声も強い。

《受験対策の英語なんて偽物。試験が過ぎてしまえばキレイサッパリ忘れてしまう。だが、これからの世の中では、実際に使える英語が求められている。入試も無視できないが、目先の利益に振り回されないで、真に役立つ英語を模索することが大事なのだ》

こういわれると、なんだか正論のようにも思えちゃう。

《言語能力は、問題に答えるだけでは測ることができない。ことばは生きている。学校を卒業して、そのあとで英語をどのように各自の人生で活《い》かしていくか。これを考えるのが、これからの英語教育ではないか》

ああ、そうですか。じゃあ、なにを教えたらいいのでしょうか。

《コミュニケーション》

具体的には？

《英会話》

……ほら出た。

この英会話重視論が、いまの英語教育では欠かせない。とにかく、会話したくてしょうがないのだ。何をそんなに話すことがあるのかと思うのだが、英会話とは世間の持つ「欲望」のようなものであって、それを押しとどめることは非常に難しい。

しかし、なにも中学や高校にまで、英会話を持ち込まなくてもいいんじゃなかろうか。だって、土台無理な話なのだから。

細かく検証するまでもない。授業時間が少なく、一クラスの人数も多く、生徒のやる気だってさまざま。ときどき気まぐれで予算のつくことがあるけれど、だからって成果の上がるものではない。うまくいかなくたって、それは教師のせいではないのだ。

だいたい、会話ってそんな簡単に上達するものだろうか。「便利な駅前で」「気楽に話せる少人数」「講師はみんな外国人」の学校に通って、ちっともうまくならない人が溢《あふ》れているという現状に、誰も疑問を感じないのか。英会話のできることが「ホンモノの英語」なのだろうか。そもそも「ホンモノの英語」って何?

このように、疑問が次々と湧《わ》いてくる。

だが、英会話重視の人に、そんな声は届かない。あまり開き直っていると「だから日本人英語教師はダメなんだ。そんな使えない教師はクビにして、ネイティブを大量に導入したほうがいい」という極論を呼ぶことになる。

それは非常にマズい。

ネイティブの英語

《英語教師はネイティブがいちばん》

これも世間に根強い意見である。言語を習うのだったら、その言語の母語話者が理想の教師に決まっている。なんといっても、その言語を使って生きている人たちなのだ。間違いがない。

このような「餅《もち》は餅屋」理論は、非常に説得力を持つ。「ネイティブは日常的に英語を話しているのだから、まあ、教えることもできるんでしょうね」という考え方だ。

だが、これ対して疑問を投げかけることは、いくらでもできる。

まずネイティブとは誰なのか。先ほども触れたが「どういう人をネイティブだと判断するのか」が難しいのである。英語の場合、アメリカ人ならいいのか、イギリス人ではどうか、カナダ人は、オーストラリア人は、ニュージーランド人は、アイルランド人は、ときりがない。

また、インド人やシンガポール人はどうだろうか。他にも太平洋地域やアフリカには、英語を公用語とする国がいくつもある。そういう地域の出身者だったら、みな平等にネイティブであるとみなすのかという問題がある。

さらに、何をもって「アメリカ人」であると決めるのだろうか。市民権を持っていればいいのか。アメリカは移民が主体となって形成された国家である。市民権は言語能力をもとに交付されるのではないはずだ。そもそも、アメリカ人なら誰でも英語教師になれるのか。

……とまあ、こんな議論はときどき耳にする。ネイティブ絶対主義者はこういう細かい条件について忘れていることが多いし、英語の場合だと、ホームドラマに出てくるような白人を求める、時代錯誤な感覚の人も少なくない。

一方、もう少し「柔軟」な人もいる。

「インド英語でもいい。シンガポール英語でもいい。世界の人と広くコミュニケーションするための英語である。今どき白人なんかにこだわらない。いろんな英語を認めた上で、さまざまなネイティブから英語を習うのが、よい教育なのである」という考えだ。

うーん、それはそうなんだよねえ。

たしかに、なにより現実的である。だいたい、日本各地で「調達」できるネイティブに限界のあることは、容易に想像がつく。細かい基準など設《もう》けていたら、教師を見つけることは難しい。そこで「多少のクセがあろうが、大切なのは外国人と触れることなのだ」というような、「柔軟」なのか、それとも投げやりなのか、イマイチ判断しがたい見解で落ち着いてしまう。

現実に高校では、さまざまな地域の出身であるネイティブが外国語指導助手（Assistant Language Teacher, 略してALT）として、見切り発車的に採用されている。多様なネイティブによる英語の授業は、すでに始まっているのだ。

Cくんの高校にも外国語指導助手の授業がある。あるときはオーストラリア出身の外国語指導助手が教えにきていた。Cくんは彼と仲良くなり、いろいろ教えてもらった。英語の表現その他でわからないとき、そばにネイティブがいれば助けてもらえる。それはわたしも賛成だし、Cくんもそう考えてきた。

だが、発音にクセの強いインド人女性が外国語指導助手として登場したときは、少し悩んだ。いや、決して民族差別をしているのではない。ただ、生徒にわかるかどうかが心配だったのである。だがCくんはもっと柔軟に考えることにした。今度の外国語指導助手の英語はずいぶんクセがあるけれど、こういう英語に慣れることも生徒にとって勉強になるのではないか。それはそれでいいかもしれないぞ。

授業第一回目。インド人外国語指導助手がはじめて教壇に立つ。Cくんは教室の後ろで見学。

これまでも生徒が困ったときには、後ろから助け船を出してきたので、今回もいつものように待機する。

インド人外国語指導助手が生徒たちに向かって話をはじめた。

「……」

次の瞬間、クラス中がCくんのほうへ振り返る。そしてCくんに向かって、目で訴えてくるのだ。

「先生、いま、なんていったの？」

学習者の言語許容範囲は狭い。Cくんだって苦労して聴き取っているインド英語を、高校生がそれほど楽に理解できるはずがなかった。標準的な英語もさっぱりという生徒だったら、まさに絶望的な気分になってしまう。

もちろんインド英語の聴き取りが得意というのも、なかなか捨てがたい特技になる。だが、外国語指導助手は定期的にローテーションをしており、次にどんな人が教えに来るかわからない。

現段階で外国語指導助手の授業は部分的である。これ自体は悪いことではない。しかしCくんのような日本人教師が間に入って、はじめて授業が成立しているのだ。いろんな英語をフォローしながら、生徒の世界観を広げていくのを目指すとしたら、むしろ日本人教師の存在が不可欠となるのである。ということで、もっと日本人教師を大切にしてもらいたい。

《英語教師はすべてネイティブ》というのは、非現実的な極論である。そんなの無理だって。いったいどういう人がそういうことを主張するのだろうか。自分が英会話学校に多額の授業料を注《つ》ぎ込んだことが悔《くや》しいのか。あるいは自分が主催する英会話学校だかNPOだかを、公教育に参入させようと企《たくら》んでいるのかもしれないぞ。いずれにせよ、それを世間が無批判に受け入れているのだとしたら、いやあ、怖《こわ》い話ですね。

留学経験者の英語

日本人英語教師の必要性は、最近ではだいぶ理解されるようになってきたと感じる。ガイジンが遠い存在であった時代とは違い、さまざまな文化背景を持った人と日常的に接するようになった現在では、アチラのものなら何でもかんでもありがたがることがなくなりつつあるのかもしれない。

だが、日本人英語教師の英語能力については、相変わらず容赦《ようしゃ》がない。

そこで世間が思いつくのが留学である。

《留学を経験した英語教師のほうが、英語の実力があり、したがって英語をうまく教えられる》

漠然とではあるが、これも広く信じられているのではないだろうか。

これに対する反論の難しいところは、対象が個々人という点にある。

留学経験者なんて、今どきまったく珍しくない。留学先も、滞在期間も多様だし、現地で何を身につけたかだって、把握することが難しい。当然ながら、よくできるようになった人もいれば、それほどではなかった人もいる。つかみどころがない。

Cくんも P くんも留学経験がない。だが、英語教師としてそんなことは重要でないと思うし、本人たちもさほど気にしていない。まともである。

留学は悪くない。だが今や、それは個人生活におけるイベントにすぎない。それぞれの人生には、大きな影響を与えるだろう。一方で社会への貢献となると、百年前とは大きく異なる。留学してきただけで尊敬される時代ではない。現地で調達した資料を珍重《ちんちょう》するわけでもない。もっとも、研究者の一部には留学先の図書館に籠《こも》ってコピーを取りまくることだけを目的とするような、時代錯誤な人もいる。だが話を語学習得に限れば、関係ない。

誰もが留学するので、その効果がわかりにくいのである。たとえば非常な進歩を遂《と》げて帰ってくる人がいたとして、その原因は何か。日本で勤勉に勉強してから留学したためか、それとも現地で急に伸びたのか。果たして現地に行ったことは学習にとって不可欠だったのか、それともモチベーションが上がっただけなのか。モチベーションを上げるにしても、留学以外に方法がなかったのか。うーん、よくわからない。

外国語を学習する際に、現地で学ぶことを否定してはいけない。対象とする言語が使用されている社会に身を置くことは、やはりよい経験になる。言語音のリスニングに慣れたり、表現が増えたりすることも大切だが、実体験を通して知る現地事情もまた、言語理解に重要だからである。

そうだとしたら、レベルはさまざまだが、留学は必ずプラスまたはゼロということになる。それならいいかも。

いや、本当にマイナスはないのか。

あるときCくんがこんなことをいった。「留学してきた人って、どうして自分の発音に、あも自信を持つんでしょうね」

これにはビックリした。想像すらしていなかった。わたしが付き合ってきたロシア語の世界では、留学して発音に自信をつけて帰ってくる人なんて会ったことがないし、実際たいしてうまくない。なのに英語は自信満々なの？

「留学から帰ってくると、自分の身につけた発音を基準に、音声学の授業で独断的な意見をいったり、少々クセのあるネイティブの先生の悪口をいったりするんですよ」

なるほど。それは明らかにマイナスだ。これは一部のネイティブにもいえることだが、自分の身につけたものがどのように位置づけされるかもわからないのに、狭い経験を一般化して他者を否定するのはいただけない。

英語は多様性を基盤に世界へと広がってきた、史上類を見ない言語である。どの英語がスタンダードかという判断すら難しい。発音に関していえば、教育上ある程度の標準が決められているが、実際にはその枠をはるかに超えているのが「生きた英語」。このような英語が将来どのような姿になるのか、専門家だってわからないのだ。それなのに、ちょっとばかり留学しただけで、自信過剰になってもらっては困る。

ちなみに、世界的な広がりを持つ某ヨーロッパ系言語の日本人学習者は、その言語の発祥地である国の首都の発音以外は認めないという傾向があるらしい。そこから外れると、たとえそれがネイティブであっても、バカにすると聞く。「発音オタク」というは、どんな言語であれ心の狭い人が多いようだ。

早期から始める英語

それにしても、世間はどうして英語教育にこうも熱心なのか。

しかも社会人ではなくて、高校生や中学生、さらには小学生の英語が、こんなにも話題となるのはなぜだろうか。

理由は明白。世間はそもそも、初等教育論議が大好きなのである。だって、初等教育だったら、自分に跳《は》ね返ってくることが絶対にないのだから。

これが社会人教育だと、事情が少し違う。日本国民のすべてが英語を身につけるべきだなんてことになったら、自分が「ヤバい」ことになってしまう。いまさら英語の勉強をさせられるのはマッピラ。だから話題は学校教育に限定したい。さらに小学校教育くらいにだったら、自分にも口が挟《はさ》める。

だって、それなら自分は被害者みたいな顔をしていればいいのだから。

《わたしは教育が悪かったので、英語が身につきませんでした。こんな悲しい思いを、子どもたちにしてもらいたくありません。わたしは犠牲者として、教育改革の必要性を訴えます!》

なんか、もっともらしい。しかも自分は犠牲者なので、カッコいい。その上、自分に災難の降りかかることは絶対にない。

ということで、猫も杓子《しゃくし》も教育について語るのが大好きなのである。教育論議というものは、どうもこういう傾向がある気がしてならない。このことは、わたしが教育という分野に馴染《なじ》めない理由でもある。

でも、そうだとしたら、これは英語に限った話ではない。算数教育だろうと歴史教育だろうと、みな等しく《わたしは犠牲者、子どもたちのために教育改革を！》となりそうだ。

その中でどうして英語にばかり、とくに熱心になるのだろうか。

《英語ははじめが肝心》

これが世間では広く信じられている。

《言語は幼少時に身につく。これは母語である日本語を見れば明らか。だとしたら、英語だって同じ言語に違いないのだから、子どもの頃から触れなければ身につくはずがない。そのほうが発音もいいに違いない。外国から帰って来た子って、発音がよかったもんな。うん、やっぱり「英語は子どもの頃から」に決まりだね》

この考え方は、外国語のできない大人に対して、有力な言い訳を与える。

《そうなんです、子どもの頃から英語をやっていないんですよ。だからできない。でも、すでに大人だから、いまさらやっても遅いしね。まあ、次の世代に期待するとしますか》

これをさらに補強するために、自分が勉強を始めた時期はすでに手遅れだったという理論を導入する。

《ええ、中学生からフツーに英語をやったんですが、考えてみれば、あのときすでに遅かったんですね。道理《どうり》で身につかなかったわけだ。やっぱり英語は小学生から始めなきゃ》

こういうことを、本気で信じている人がいるから、困っちゃうのである。

あるとき英字新聞を読んでいたら《語学は早期教育でなければ身につかないことは、すでに定説となっている》という感じの、ネイティブ教師からの投書があった。きっとこれを書いた人は、自分が子ども相手に稼いでいることに、なんらかの根拠がほしいんだろうなと思った。

早期英語教育に関しては、いろんな意見がある。あまり熱心にチェックしているわけではないのだが、少なくとも決着はしていないはずだ。わたしの知るかぎりでは、子どもの頃から外国語に接していてもあまりうまくない人がいる一方で、大人になってから勉強してすばらしい運用能力を発揮している人もいる。言語習得は非常に複雑な過程であり、ただ早くからやればいいってものではないはずだ。ちょっと頭を冷やして考えれば、わかるはずなんだけど。

ところが、それがわからない人が多数派なのである。小学生から英語をやることはよいと決まっているのだ。それどころか議論は、どのように教えるかという点に、すでに移っている。

遊びながら学ぶ英語

小学校から英語を導入しようというとき、お題目のように必ずついて回るのが、「遊びながら」である。

《小学生なんだから、難しい文法を教えてもダメだ。遊びながら楽しく、生きた英語を自然に身につけさせるのがいい》

そんなことって、可能なのだろうか。

だって、それができるんだったら、どんな科目でも、すべて遊びながら自然に身につけさせればいいいじゃん。

かつて不得意科目の多かったわたしは、そんなふうに考えてしまう。

「遊びながら」という勉強が想像できない。

たとえば漢字練習。升目《ますめ》に同じ字を繰り返し埋《う》めていくという、およそ遊びとはいえない不自然な行為を通して、一生懸命に覚えてきた。ときどき、たとえば「村」という漢字を十回書くとしたら、まず先に木偏だけを十回書いて、それから「寸」の部分を書き足すという、大量生産を試みて効率アップを図ったりもした。いや、いけないことですね。でも、遊びではなかった。漢字に限ったことではない。日本語でも英語でも、言語を習得するときには、そういうステップを踏む必要がどうしてもあるのではないか。

それを「遊びながら」「自然に」できるというのである。すばらしい。さっそく導入してもらいたい。

やれるもんならね。

だいたい、教師が「遊びながら」教えているつもりの授業を、生徒はどう感じているのだろうか。小学校高学年というのは、お遊戯やお歌やレクリエーション・ゲームが、そろそろ恥ずかしいお年頃ではないか。わたしはその頃、そういうのがイヤでたまらなかった。でも義務だから、仕方なく付き合っていた。表面的には嬉しそうな顔さえしてみせた。だが本音では「ああ、やめてほしいなあ」と思っていたのである。おそらく、かつてのわたしのような小学生は、これからつらいことになるだろう。

それにいくら小学校で「遊びながら」「自然に」教えたところで、中学校からは違った形式の授業が待っているのである。

だからといって、中学や高校の授業にまでこの「遊びながら」を導入することは大反対である。もう、いいかげんにしてよ。

語学のレベルが初級でも、知的レベルが低いことにはならない。複雑な思考ができる年齢に達したのに、小学生すら恥ずかしがるような「遊びながら」は絶対にやめてほしい。

語学の初級段階では、語彙《ごい》と文法が限られているため、その内容がどうしても幼稚になる。これは仕方がない。知的な表現ばかりを目指したら、生徒は難しすぎてついていけなくなってしまう。だからといって、子どもの話すような、舌足らずな外国語を身につけても意味はない。やさしいことしか表現できないけれど、大人が使ってもおかしくない。そんな外国語を目指さなければならない。これは教師の力量が問われる。

高校生は大人である。行動はともかく、思考は大人だ。こちらが指導しなくても、自主的に学べるし、遊べる。

……と信じていたのだが、Cくんはニコニコこういった。

「いや、そうでもないですよ。うちの生徒たちは『遊びながら』が大好きで、ノリもいいですから」

そうか、だとしたら「遊びながら」は教育に広く導入すべきなのかもしれない。まあ、わたし個人としては、幼稚な中学生や高校生はイヤなんだけど。いやいや、幼稚じゃなくて、素直だと考えればいいのか。そういえば、わたしの教えた大学生も、大多数は素直だったもんなあ。

それにしたって、遊びながら自然に身につくものなんか、何一つないよ。

英語で教える英語

小学校英語と並んでもう一つ、高校英語の授業の一部を英語でおこなうことも世間の注目を集めており、それに対してもこれまた賛否両論が飛び交《か》っている。

ここで想像してみる。授業中に英語しか使わないとどうなるか？

答え＝生徒は寝る。

ごく単純な推理である。自分の興味のないことやわからないことに対し、大学生も高校生も中学生も、みな同様に居眠りすることで抵抗している。ちょっとでも隙《すき》あらばスリープモードに入る。コンピュータ並みだ。

外国語を聴くのは疲れる。意志を持って勉強している学習者ですら、音声教材を長時間聴き続けることは難しい。途中どこかで気を抜けば「あれれ？」と話が見えなくなる。達人は「聴き続けているうちに、またわかるようになる」というのだが、語彙も表現も少ない初級レベルでは、不安のうちに時間が過ぎるばかり。これはつらい。眠くもなる。

それでは、眠らせないようにするには、どうしたらよいか。

少人数でやる。だったら何人か。わたしの経験からすれば、たとえ二人であっても、一人の発音をチェックしているうちに、もう一人が寝る。そのときの生徒はモスクワ赴任《ふにん》が決まっている商社マンだった。真剣な大人だって寝るのである。いわんや子どもをや。

体を動かす。先ほどの小学校英語のように、外国語教育に「お遊戯」を持ち込んで、楽しく自然に学ぼうという。こうして授業はバラエティー番組のようなゲームをやったり、新興宗教のような踊りを踊ったりする。それが楽しい生徒がいる反面、大人になりかけの未成年をしらけさせることもある。先ほども触れたが、わたしだったら絶対しらける。

やり方を工夫する。英語を英語で教える指導法を提唱するような教育者だっている。文科省が何かを思いつくと、その筋の専門家というのが雨後の筍《たけのこ》の如《ごと》く現れ、英語圏で仕入れたメソッドをもとに、「楽しい授業」を実践してみせる。それって本当に効果があるのか。優秀校ばかりでおこなわれる実験授業で、何がわかるのか。やる気のない生徒をも引っ張っていくのが、公教育の役割。どの教科だって教師はいろいろ工夫しながら苦労しているのに、メソッドに従えばすべて解決という教育者は、どうも信用できない。

ということで、生徒は絶対に寝る。「ああ、次の時間は英語か。だったら眠れるな」といった具合。「英語で英語の授業」、わたしはやめた方がいいのにと思う。でも、決まってしまった以上は仕方がない。よほどのことがない限り、実施される。

それに、「英語で英語の授業」というアイディアは、世間のウケがいい。外国語教育について知らない人ほど、これがすごく優れた方法だと信じてしまう。専門家が何をいってもダメだ。現代はあらゆる場面で「庶民感覚」が必要であり、専門家の意見は無視される。「英語で英語の授業」を決めた文科省の会議も、おそらく「庶民」が参加しているのであろう。ところで、この会議って何語でおこなわれたんだ?

あれこれ問題点を指摘すると、推進派は「生徒自身が楽しそうだからいいじゃないか」と開き直る。そりゃ優等生に意見を聞けば、そういう答えが返ってくる。どんな教育方法でも、喜ぶ生徒は必ずいる。人間には、肉体的苦痛に快楽を感じる者だっているのだ。だが、それを教育に取り入れてはいけない。

さて、現場の教師はどうするか。まあ、やらざるを得ない。虚《むな》しい研修に無駄な時間を費やして、新しいメソッドをにわか仕立てに覚えて授業に臨《のぞ》む。クラスによってはうまくいくかもしれない。だが、そうとは限らない。日本語で説明しても理解できないクラスが、英語でわかるはずがないのだ。

良心的な教師は、わからない英語を聞かされる生徒がかわいそうに思える。自分だって、わかっていない相手に英語を話すことが虚しい。そもそも外国語で説明するのは、教師だってまどろっこしいのだ。それでもことばを尽《つ》くしてがんばっているのに、さっぱりわかってくれない生徒たち。あるとき禁を犯して、日本語で一言補《おぎな》ってみた。すると生徒が「なーんだ、そういうことか！」と急に納得。

こうなったら歯止めが利かない。英語で授業するはずのところに、日本語がドンドン侵入してくる。そのほうがずっと理解しやすい。だったら、日本語を使っちゃえ。こうして教師と生徒が共犯関係になることで、クラスには美しい連帯が生まれる。

だが、行政側も黙っていない。授業を監視するためにカメラの設置を提案。現代社会は「セキュリティー」という大義名分に弱いので、表向きはテロリスト対策と称して、本当に英語で授業をやっているか、モニターでチェック。

そんなふうにして数年が過ぎる。生徒も教師も行政も、ヘトヘトに疲れ果てる。その頃になってやっと、誰ともなく「ねえ、これ、止《や》めない？」

まったく御苦労さまなことです。

それでもやるんだろうな。「英語で英語の授業」とは、そんなにも魅力的。

だったら古典の時間も、授業は古語のみで会話をし、ついでに着物姿で蹴鞠《けまり》などすれば、いとをかし。

親自身が身につかなかった英語

世間が英語教育に熱心なことはすでに述べたが、中でもそれが親の子どもに対するそれとなれば、議論はさらに加熱する。
《未来の国際人である子どもには、英語が不可欠である》
ここには横槍《やり》の入りようがない。うちの子どもの教育に他人が口を挟まないでくださいといわれれば、黙って引き下がるしかないではないか。わたしだったら引き下がるだけでいいのだが、気の毒なのは英語教師で、あれこれ要求が多い親の矢面《やおもて》に立たされる。
面倒なのは、親自身が英語コンプレックスにどっぷり浸《つ》かっている場合が多いことである。

実際、現代の中高生の親の世代では、圧倒的多数が英語ができない。

だが「自分は英語ができなくても、ここまでちゃんとやってこられたんだから、子どもだってそれでいい」という人は、めったにいない。

《自分は英語ができなかったから、せめて子どもだけはできるようになってほしい》

こちらがほとんど。たいへんな期待を寄せているのである。

だからといって、移民したいとか、亡命したいとか、そういう理由で熱心なわけでは、もちろんない。ただなんとなく《英語ってできたほうがいいだろうな》という、そのくらいのイメージで子どもの教育を考えているのである。

そのイメージには二つの傾向があるように感じている。

一つは「日本の将来を憂《うれ》う」タイプ。この場合は「ビジネス」「外交」「競争」などがキーワードとなる。このままでは日本が世界に取り残されてしまうという焦燥《しょうそう》感から、自分はダメだったけど、日本人の英語をもう少しなんとかしなければならないと、真剣に考えている。ただし、本人が英語を学習する気はほとんどない。

このような将来を憂うタイプは、自分の子どもに期待するというより、日本の子ども全体に対して注文をつけているのが、特徴である。だが、これが自分の子どもとなれば、考え方が少し変わる。

いくら将来のためとはいえ、勉強、勉強と詰め込んでは子どもがかわいそう。そんなに無理して出世するばかりが人生ではない。英語だって、それほどできなくてもいい。ただ、外国へ行ったときに不自由しないようになってほしい。ということで、もう一つは「海外でちょっとだけ使えることを目指す」タイプ。こちらのキーワードは「旅行」「買い物」「グルメ」。とくに女の子に対しては、新婚旅行で英語が使えることを理想とする。親の世代には、新婚旅行で夫の通訳ができなかったことを、いまだに悔しがっている妻がそんなにいるのか。理解不能。

いずれにせよ、子どもにとっては迷惑な話だ。

ところで、中高生の親の世代とは、わたしと同年代である。では、そのわたしたちが中高生のときはどうであったか。

今とまったく変わらなかった。

つまり、わたしたちの親の世代も英語がやっぱりできなくて、子どもだけはできるようになってほしいと願っていたのである。クラスメートの中には「英語塾」という、その実態のよくわからないところに通っているものさえいた。うちの親の場合、英語のできないことは同じだったが、子どもの英語教育にもさほど興味がなかったらしく、そういう「英語塾」へ通うことを強制されたことはない。

さて、結果はご存じのとおりである。親の大多数が熱心だったのに、今の四十代で英語ができるのは、やっぱり少数派なのだ。

この結果は意外だった。わたしは子どもの頃から発想が単純だったので、これだけ周りが熱心に英語を勉強していれば、いつかは日本中で英語が話されるようになるのではと想像していたのだが、見事に裏切られた。もっとも、裏切られたのは英語だけではない。わたしが想像していた未来の日本は、男女が平等に働くのが当然になり、専業主婦なんてなくなると思っていた。……それは関係ないか。

では、誰もが英語のできる時代にならなかった理由は何か。

うーん、よくわからない。

でもまあ、思い当たるのは二つ。

まず、子ども自身にどれだけやる気があったか。わたしは外国への憧《あこが》れが非常に強い子どもだったので、英語が好きだったけど、そういう子どもばかりではない。それに、強制されると却《かえ》ってやる気がなくなるのは、今も昔も同じ。

もう一つ考えられるのは、英語のできない親が子どもに勧めても、やっぱり説得力がないのではないかということ。「そういう自分はどうなんだよ」といわれて、返すことばがないようでは、相手の気持ちを動かすことは当然できない。

だいたい、英語学習って面倒なのだ。親の世代もそれでほとんどが挫折したのである。それなのに、自分の過去を棚に上げて、子どもの英語教育に熱心な親を見たりすると「ああ、子どもは大変だな。でもそういう子どももまた、将来は自分の子どもに英語を強制するのかな」などと考えてしまうのである。

国語に道を譲るべき英語

このように、さまざまな複雑な気持ちは抱えているものの、世間の英語に対する期待は大きい。矛盾や極論もあるけれど、日本の子どもたちに英語を身につけてほしいという気持ちは、広く共有されているのである。

……本当にそうだろうか。

たとえばあるとき新聞の投書欄に目を通していたら、次のような読者の手紙が掲載されていた。

《小学生に対する英語教育の必要性について、いろいろと議論されています。私のこれまでの体験からいわせていただければ、英語も大事ですが、すぐれた古典に触れるなどの国語の学習はもっと大事であると思います》

投書欄には常日頃より注意を払っているのだが、こういう「英語よりも国語を重視せよ」という意見は、どの新聞でも月一回くらいのペースで載《の》るような気がする。英語が押しも押されもせぬ人気を誇《ほこ》っている一方で、このような「抵抗勢力」というか、「アンチ英語」が実は少なくないのではないか。

こういった主張をする人に共通する特徴は、当然ながら英語が得意でない、どちらかといえば高齢者が多い。外国語に対するコンプレックスが強いのである。ところが渡る世間は英語ばかり。おもしろくない。

だから自分の得意な国語に世間を引きつけたいと考えるのである。国語というものは、長い間つき合っていれば知識がそれなりに蓄積されるものなので、高齢者の方が有利である。だから国語を重視せよと訴えるのだ。とはいえ、本当の目的は自分の価値が認められることなので、小学生に日本の古典に真に親しませたいかどうかについては、実はアヤしいのだが。

それはともかく、国語すなわち日本語の人気は根強い。

《日本人はまず日本語を学ぶべきだ》

この考え方は決して少数派ではなく、多くの人が支持している。過剰なまでの英語重視が存在する一方で、これもまた世間の見解なのである。

もちろん、日本語に触れるのは悪いことではない。古典文学もすばらしい。だが、万葉集や源氏物語を本当に知ってもらいたいと考えるのなら、なにも英語を引き合いに出すことはない。古典の楽しさを上手に語ればよいだけの話である。それなのに、英語を排除して日本語を学ぶべきだという意見ばかりになってしまう。

国語か英語かという、二者択一になってしまうのはなぜだろう。どちらか一つを必ず選ばなければいけないのか。

そんなことはない。

国語と英語、どちらも勉強すればいいじゃないの。

国語の知識が英語の習得に影響を与えることは、間違いない。だがそれは、プラスの影響なのだ。だからこそ国語と英語の両方を、たっぷり時間をかけて教育する。その間には壁を作ることなく、総合的に学習していくというのも一つの方法だろう。少なくとも英語の授業中は日本語禁止などという、サディスティックなことはやめてほしい。どちらも言語であると捉《とら》えて、広い視野で言語教育を考えていけば、国語が疎《おろそ》かになるから英語は排除せよなどという、心の狭い極論に走らなくて済む。

そのためには、英語教師自身も日本語についての知識を深めておく必要がある。それは極端な国語絶対論を躱《かわ》すためにだけでなく、英語の授業そのものにもきっと役立つはずだからだ。

だが、英語を嫌う人は他にもいる。

実は多くの人が嫌っている英語

大学の英語教師を経験して強く感じたのは、多くの学生が英語に興味のないことだった。だからといって、国語が好きというわけでもない。ただ、英語を勉強する気がないのである。興味がないだけならマシなほうで、中には積極的に嫌いという学生も少なくなかった。

まあ、そりゃそうだろう。物心ついてからずーっと、英語は大切だと繰り返し聞かされてきたのである。英語ができなければ生きていけないと脅《おど》され、英語ができれば素晴らしい人生が約束されるのだと勧められる。英語がダメな親の世代は、そのコンプレックスも伴《ともな》い、子どもにますます期待をかけるのだ。これではイヤになる。子どもは、いや、人間はあまりに強制されるとイヤになるのではないか。

イヤなことは無視すればいい。外国のことなんか、知りたくもない。出かけるつもりもない。日本から一生出なければいいのだ。もちろん、外国語なんて必要ない。日本に来る外国人のほうが、日本語を学べばいいんだ。自分は何もしたくない。

さらには「国粋主義《こくすい》」に走るものが現れる。自分の国が好き、自分の国がいちばん。外国のことは何も知らないのに、日本が世界一だと考える「井の中の蛙《かわず》」。だがこういう発想は、先ほどのような国語絶対主義者から褒《ほ》められるし、何よりも英語から逃げる口実になる。日本がいちばんなのだから、日本語だけを勉強すればいいとなるからだ。漢字を覚えるほうが、英単語を覚えるよりもずっと楽なのである。

どうやら英語は、愛されるばかりではなくなりつつあるのではないか。

かつてロシア語教師をしていた頃、英語の人気が眩《まぶ》しく感じられた。英語はみんなが学びたい言語。英語教師はたいした努力をしなくても、食いっぱぐれることがない。いいよなあ、というより、いい気なもんだよなあ、という感覚だった。

ところが英語教師をやってみると、違うものが見えてきた。どうやら、ロシア語だから、英語だからなどという問題ではないようだ。外国語そのもの対する興味が、全体的に薄れてきているのではないか。言語に携《たずさ》わるものとして、これは忌々《ゆゆ》しき事態である。

外国語の必要性が目の前に迫っていないからだという意見もある。英語が話せなくても、日常生活には困らない。だから上達しない。人間、必要に迫られたら勉強するものだから、放っておけばいい。

だが、必要となったときにすぐ対処できるのは、一部の人間に限られる。だって外国語というのは、習得にすごく時間のかかるものだから。必要に迫られたときでは遅いということもある。いますぐ必要というわけではないけれど、勉強はしておく。学校の科目とはどれもそういうものではないか。そのような環境で教師はそれぞれの分野の魅力を紹介するために、日夜努力をしているのである。

こんな時代になって、英語教師は英語の魅力を語ることに、そろそろ真剣になる必要が出てきたようだ。

だから、ＣくんやＰくんにがんばってほしい。

せっかく教師になれたのだから

このように、世間が求める英語教育は多岐《たき》にわたっている。受験を重視せよという意見があるかと思えば、英会話を軸としたコミュニケーション中心の「生きた英語」を教えろという意見もある。英語教師はネイティブに限ると強く信じている人もいるが、日本人でもいいから留学経験が大切だと考える人もいる。子どもにはもっと早いうちから「遊びながら」英語に親しませるのがいいとする考えがある一方で、英語よりもまず国語だといって譲らない主張もある。

つまり、あれこれいろんなことをいっているのが、世間なのである。

こんな中で、教師は英語を教えていかなければならない。

気が重い。すべての要求に応えることは不可能だ。妥協《だきょう》しなければならない場合もあるだろうが、かといって何でもいいなりにはなりたくない。絶対に譲れないことは守らなければならないのだ。それを見極めていくためには、具体的にはどんな英語を教えたらいいのかを知る必要がある。それについては、次の章で考えていくことにしよう。

その前に確認しておきたいことがある。

みなさん、英語の教師になりたくてなったんだよね？

Q5　かつて習った教師に伝えたい気持ちはどれですか？

(1)　わたしも教師になりました！

(2)　あなたのようにはなりません

(3)　昔ぼくから取り上げたものを返してください

この質問には二人とも(1)と答えた。

そう、とにかく憧れの英語教師になれたんだよ。これを忘れちゃいけない。で、せっかくなれたんだからさ、世間からアレコレいわれても、それをうまくかわして、プロとして頑張っていこうぜ！

コラム 英語教師三人で飲むときは

なんだかんだと理由をつけては、三人で集まって飲んでいる。世間はお酒に否定的な向きも一部にあるが、わたしたちは楽しんでいる。ただし、目的はアルコールを摂取することではない。話がしたいのだ。

Cくんはかなりお酒に強い。Pくんも決して弱くない。たまには靴を片方失《な》くすくらい飲むこともあるらしいが、わたしたちの前では静かに機嫌よく飲んでいる。二人ともわたしに合わせてビールが多いが、たまにはワインなども試してみたりする。

いろんなことを長い時間にわたって話す。やっぱり外国語や外国文化の話が多い。英語が中心になるのは当然だが、わたしがあれこれ他の外国語についても取り上げるので、話題はさらに広がって、散漫となる。

P　このソーセージ、チェコ風らしいんですが、ご存じですか。

わたし　ええと、メニューにはウトペネツって書いてある。ソーセージはそんなに好きじゃないからよく知らないけど、チェコ語では「沈められたもの＝溺死者《できし》」って意味になるんじゃないかな。おそらく動詞ウトピトと関係があるはずで、詳しくはあとで調べなきゃ。それにしてもすごいネーミング。

という話題の次に、

　Ｃ　最近、うちの生徒が『まぎらわしい』じゃなくて『まぎわらしい』っていっていて、指摘しても気づかないんですよ。

わたし　あっ、それってメタテーゼだ。音転換現象で、とくにｌやｒといった流音《りゅうおん》があると『らわ』が『わら』のようになってしまう。

なんていったあとで

　Ｃ　このスペイン風のフライ、おいしいですね。

わたし　フリッタって好きだなあ。クロアチアで食べたのが特にうまかった。

　Ｐ　こっちは何ですか。

わたし　トルティージャといって、じゃがいものオムレツ。これもシンプルだけどおいしい。

といった感じで、とにかく目まぐるしい。

しかし、これだけでは終わらない。飲んだ翌日に二人にはメールが届く。

問題　昨日話題になった単語のうち、食べられないのはどれでしょうか。

1　ウトペネツ

2　メタテーゼ

3　フリッタ

4　トルティージャ

このように、黒田先生といると、気の休まることがないのである。

Ｐくんはいつも手帳とペンを持ち歩いている。わたしたちの間で「Ｐメモ」と呼ばれるこの手帳は、Ｐくんが専任教員になることが決まったお祝いに、わたしが贈ったものだ。Ｃくんはペンをプレゼントした。

飲みながらお喋りしている最中でも、この「Ｐメモ」がときどき登場する。それが実に不思議なタイミングで、いまメモをするような大切なことを話したっけ？　というときに限って、Ｐくんは何やら書き込んでいる。まあいい。アルコールが入っていても、勉強を忘れない態度がすばらしい。

そう、これはもはや飲み会ではない。れっきとした研修なのである。

実際、新人教師には研修が多い。確かに、若い彼らには学ぶべきことがまだまだある。だが、公式の新人研修は当然ながらずっと真面目なものである。カリキュラムをこなし、講演を聴き、実習をする。お酒なんて、とんでもない。

ということで、真面目な研修はそちらにお任せして、わたしは二人に、そういうのとはまったく違った研修を課すことにしたのだった……

＊

と、ここまで書いて、二人にこの文章を見せる。

場所はまさに、東京の某呑み屋。

Ｃ　ああ、メタテーゼの話とか、懐かしいですね。

Ｐ　その、靴を失くした話はやめてくださいよ〜。

遅いよ。もう書いちゃったもん。

とにかく、英語教師はアルコールを知的に飲まなければいけない。憂《う》さを晴らすのだったら、何か他のことをやってくれ。

言語中心の人生に決めたのならば、たとえ飲んでいるときでも、ことばのことを忘れてはいけない。

これがわたしの方針である。

ということで、今夜もゆっくり話そうか。●

2

教室で必要な英語

目の前の生徒は

世間は確かにうるさい。

だが大切なのは、目の前の生徒ではないか。

生徒が理解してくれなければ、いくら立派な授業をやっても意味がない。生徒あっての教師である。毎日のように接する彼らとよい関係を築くことは、教師にとってなにより重要なのだ。

ところが、この生徒というのも実に多様である。

なにせ、相手は一人二人ではなく、一クラスに何十人という規模。当然ながらそれぞれが個性を持つ。さらに生徒だって、世間に負けず劣らずうるさ……

いや、「にぎやか」としておこう。

このにぎやかな生徒たちの一人一人に目を配りたい。良心的な教師ならそう考える。相手をよく知ってこそ、よい授業ができるというもの。

もちろん、こちらは教師であり、すでに大人なんだから、本当の意味での生徒の気持ちはわからない。一部には当時の気持ちを覚えている、記憶力のいい教師がいるかもしれないが、それは少数派。だいたいは自分の過去なんてきれいさっぱり忘れているものだ。だが、わからないのはお互いさま。生徒にしたところで、教師の気持ちなんてわかるはずない。

だからこそ、想像力が大切になってくるのである。

好き嫌いは当てにならない

第一章でのCくんやPくんの例からもわかるように、英語教師というものは中学・高校時代から英語が好きだった。Cくんのように、はじめは苦手というところから出発することもあるけれど、結局どこかの段階でこれを克服しているのが常《つね》である。

ところが目の前には、今まさに「英語が嫌い」という生徒が必ずいる。英語の授業が苦痛でたまらないなんて、英語好きの教師からすると、なかなか理解しがたい。だからこそ、想像してみるのである。

どうして英語が嫌いなのだろうか。

「成績が悪いから」

まあ、そうかもしれない。

ただし、これが絶対ではない。また「英語の成績が悪いから嫌い」だからといって、反対に「英語の成績がよいから好き」とは限らない。

たとえば英語の成績は決して悪くないのに、英語は苦手という学生がいる。

そんな学生にかつて大学で出会った。クラス全体から見て、成績が明らかによいのに「英語はダメなんです」と主張して譲らない。語彙力が豊富だとか、翻訳のセンスがいいとか、こちらは良いところを探してあれこれ指摘するのだが「いいえ、ぼくは本当に英語がダメなんです」の一点張り。

だがその表情をよくよく観察すれば、本人だってまんざらではなさそうだったりする。なーんだ。でも、だったらいったいどうして？　何か照れがあるのだろうか、それとも悪い成績をとってしまったときに恥をかかないための保険なのか。いずれにせよ、人間の心理は複雑である。

反対に英語の成績はよくないけど、好きだという生徒もいる。

「英語が大好きなんです」と、目をキラキラ輝かせていう。ふつうにいえばいいのに、目がキラキラなのである。若い英語教師はこういう目に弱い。嬉しくなって、あれこれ手助けをしたくなってしまう。ところが授業中に当てても、テストをやっても、その結果は絶望的。かわいそうだが、悪い成績をつけざるを得ない。

成績が悪いのに、どうして英語が好きなのだろうか。英語の歌が好きなのだろうか。英語圏の映画俳優のファンなのだろうか。はたまた「英語だけはしっかり勉強するように」という親の影響なのか。とにかく、好きという分には害もなかろう。

だがそんな生徒だって、成績の悪いことにまったく無関心ということは少ない。教師としては、やっぱり成績を伸ばすことを考えなければならないことになる。こちらのタイプの心理も、なかなか計り知れないのである。

とにかく、生徒のいうことをそのまま信じてはいけないことがある。どうやら日本人は、本音と建前を使い分けることを、かなり早い時期から身につけているようだ。統計の結果だけでは生徒の心理動向なんてわからない。マニュアルにしがみついていると、本当の姿が見えなくなる。これが人間相手の仕事の難しいところであり、また楽しいところでもある。

そういうことを念頭に置きながら、英語嫌い、つまり成績は別にして「この科目が心の底から嫌い」という心理を想像してみよう。

どうして英語が嫌いなのか？

英語の嫌いな理由を三つくらい挙げてみよう。

❶「暗記科目だから嫌い」

これはありそう。

反対に「暗記科目なんだから、あんなの覚えちゃえばいいんだよ」というような、わかったようなことをいう生徒もいる。

実はどっちも困る。「語学は暗記」などという短くあいまいな言葉に納得して、その本質を考えようとしない点では、どちらも変わらないのだ。

確かに、英語では暗記すべきことが多い。単語や文法など、知識を少しずつ増やすことで、だんだんと表現が広がるようになる。そのためには暗記が欠かせない。

問題は暗記する分量だ。単語の数が少なければ、表せる内容も少ない。文法を知らなければ、表現できる範囲が狭い。だから、なるべく語彙数を増やし、多くの文法事項を習得する必要がある。そう考えて、英語の学習カリキュラムは作成されているのが常だ。

英語の初級段階は理解ではなく、むしろ「力ずくの暗記」が求められるといえるかもしれない。ところが暗記の方法に絶対というものはないので、みんな自分でそのやり方までを模索しなければならない。これはタイヘン。

だが暗記がつらいのは、記憶が難しいという理由だけとは限らないのではないか。それよりも、何か追い立てられるような焦燥感が精神的に負担だということもある。宿題が出たとか、テストが近いとか、暗記は時間制限という条件の伴う場合が少なくない。そうなれば気持ちだって焦《あせ》ってしまうのである。

❷「人前で声を出すのが恥ずかしいから嫌い」

こういう生徒は絶対にいる。いや、中学や高校に限らず、大学だろうが、社会人コースだろうが、とにかく声を出すことを極端に嫌がる人がいる。

これも教師としては困ってしまう。声を出してくれなければ、発音は指導できない。発音に限らず、和訳だろうが、練習問題の答えだろうが、聞こえなければ理解しているかどうか判断ができない。それでは授業にならない。

英語でなんといっても大切なのは発音だ。そもそも授業では、発音に割ける時間が限られている。しかも発音指導は一人一人にやる必要があり、一人にかかりっきりになっていると、残りの大多数は退屈してしまう。これは教師に共通する悩みのはず。

だが、わたしが指摘したいのは、そういうこととはちょっと違う。

生徒の一部、いや、下手をすると大多数が、「よい発音をすることを嫌がっている」のではないか。

内田樹《たつる》『下流志向』（講談社）には、子どもたちが全力で学習を拒否する現状が指摘されている。わざとダラダラしたり、突っ伏したりして、勉強なんかやりたくないというメッセージを送っているというのだ。

外国語の場合、これがもっとも顕著《けんちょ》に現れるのが発音である。

文法はきちんと理解し、テストの成績がよいのに、発音がまったくダメな生徒がいたら、理由は二つ考えられる。

一つは外国語が嫌いだから。受験のために仕方なく勉強しているけど、英語なんかに興味がない。それが発音に反映される。

もう一つは、よい発音をしてイジメられることが怖いから。「なんだ、あいつ、気取った発音して、キモい」といわれたくない。こういう「精神的鎖国」は日本の教室の隅々にオソロシイまで浸透している。

　こうして、よい発音を嫌うようになる。

　ただし、声の小さい生徒は、英語の発音に限らず、日本語でもやっぱり小声であることが多い。だとすれば、これは英語の問題ではないのかも。

　それにPくんによれば「騒がしいヤツはいつでも騒がしいですよ」ということで、これも絶対ではないらしい。

❸「英語って面倒くさいから嫌い」

　実はこの理由が、もっとも素直かもしれない。

　ことばが通じないのは、非常にまどろっこしい。ところが、英語は急に話せるようにならない。それがイヤなのだ。

　そう考えるのは生徒だけではない。日本社会はこういう言葉の面倒臭さを殊更《ことさら》に避けようとする傾向がある。できればこのプロセスを飛び越えて、できるだけ簡単にしようと、ズルイことを考える。

　もっとも狡猾《こうかつ》なのはテレビ番組である。不思議なことに、ドラマに出てくる外国人はみな日本語をペラペラと話す。ただしあまりに上手だと感じが出ないので、イントネーションだけは奇妙なものにしている。ある人気アニメに出てくるアメリカ人女性の日本語は、語彙力と表現力は日本人と変わらないのに、基礎的な文法語尾を間違えながら、ぎこちない発音でしゃべる。だが、言語が通じなくて困る場面はいっさいない。外国語という面倒くさいプロセスを、さっさと飛び越えている例である。なんとも都合がいい。

実際にはこうはいかない。外国人はふつう日本語を話してくれない。たとえ日本語が話せる人でも、発音にクセがあるとか、語彙や文法の知識が足りないために、ときには何をいっているのかわからないことがある。それを辛抱強く聴くのは、なかなかタイヘンなのだ。

その反対に、生徒たち自身にとって英語を話すということは、思いどおりに表現ができなかったり、使いたい語彙が思いつかなかったりと、なんとも歯痒《はがゆ》いことなのだ。相手のいっていることを理解できるようになるまでにも、時間がだいぶかかる。いくら勉強しても、こんな状態が長いこと続くのだ。

だから英語が嫌いになってしまうのではないか。

単純な解決策はない

……と、そんなことをCくんとPくんを相手に話してみる。

C「そうなんですよねえ。でも嫌われてしまったらおしまいなので、こっちもなんとか興味をもってもらおうと頑張っているのですが、中学時代から嫌いだと、それを直すのも簡単ではなくて……」

まあ、そうだろう。でもさ、英語に限らず外国語というのは、多かれ少なかれ、いろんなストレスをもたらすんじゃないかな。いや、全員にというわけではないんだけど、このストレスを感じるようになったら、なんとかしてこれを取り除かないと、学習が先に進まないような気がするんだよね。こういうことは、これまであまり話題にもならなかったし、教師の領分《りょうぶん》ではないとされてきたから、考えようともしなかったけど、これからはこういうことのフォローだって、英語教師の仕事じゃないかと思っているんだよ。

P「それで、どうすればいいんですか？」

……あのさあ、それがわかれば苦労はないんだって。

P「そうですか。そうですよね。でも、ぼくもそういうことを感じてはいるんですが、それをどうしたらいいか、わからなくて……」

うん、じゃあ、決定的な解決策ではないけれど、これまで挙げた三つの「英語嫌いの理由」について、もう少し考えてみようか。

まず暗記科目だから嫌いという生徒には、科目なんてどれも多かれ少なかれ暗記であると指摘したらどうだろうか。

P「えっ、そんな」

歴史や地理はもちろん、数学だって公式その他は覚える必要がある。どんな学問でも、一定の知識をもとに進めていくのだから、暗記が必要ない科目なんてない。だから、英語だけ嫌うのはおかしい。

P「まあ、そうなりますね」

もちろん、暗記だけではダメだ。公式を暗記するだけの数学は困るし、歴史だって暗記した事項の関係性が理解できなくてはならない。それは英語だって同じ。それでも、ある程度は暗記するところから始まるのは、どの科目にも当てはまるはず。

C「じゃあ、声を出すのが恥ずかしいのはどうですか」

これは心の問題だから難しい。

C「恥ずかしがらずに声を出しましょうなんていっても、効果はないですよ」

それはわたしも経験している。残念ながら、解決策はない。嫌がる相手に熱心に発音指導しても、喜ばれないし、効果もない。発音はひどくても、成績だけを上げて進学していく生徒が、これからも後を絶たないだろう。

P「じゃあ、できることは何もないんですか」

少なくとも、発音がうまくなりたいという気持ちを持った生徒だけは、なんとかして上手に引っ張っていくようにしたらどうだろうか。

P「授業中に褒めたらどうでしょう?」

C「それって逆効果じゃない? 目立ちたくなくて、下手な発音している生徒もいるんだから」

そう。でも、発音がうまくなりたい生徒は必ずいる。そういう生徒は個人的に発音の相談に来たりするから、その準備は心がけてほしい。その場合、本人の発音をその場で直すのもいいけれど、それよりも音声教材とか、お薦めの歌や詩を選んでおくといいかもしれない。それが生徒の英語への興味を高めるものとなれば、まさにしめたもの。

Ｃ「ああ、そういうのは自分でも好きですから得意です」
Ｐ「ぼくにも教えて」
それは後で。
Ｐ「それで、三番目の理由ですけど」
そうだった。英語って面倒だから嫌いっていう場合。
Ｃ「これにうまく応えることなんて、できるんでしょうか」
うーむ。少なくとも、外国語を話すときのまどろっこしくてもどかしい気持ちは、相手も同じように持っているものだということは、指摘していいのではないか。
Ｐ「ああ、そうですよね。こういう気持ちはお互いさまだし」
それに、外国人の話す、クセのある日本語に熱心に耳を傾《かたむ》ける生徒は、英語が伸びる可能性があるということを指摘したら、心ある生徒ならば少しは考えてくれるかもしれない。もっとも、これは言語センスの問題なのだろうが。
心に潜《ひそ》む悩みなのだから、単純な解決策なんてない。ただ、英語を学ぶときに誰もがそんな悩みを抱えていることは、教師として頭の片隅に留《とど》めておくといい。子どもだからといって、悩んでいないわけではないのである。

三つの「注文」

わたしは大学に勤めていたので、中学や高校の英語教育についても、やっぱり大学教師の視点になってしまう。つまり、大学に入ってくるまでに是非とも身につけておいてほしいものは何かと、考えてしまうのである。

本来なら入学試験がその基準のはずだった。それぞれの大学が提示する学力レベルを満たした者だけに、入学が許可されるというのが原則である。ところが現状では、入試は人を選別することはできても、大学が求める英語の基準を示すことはまったくできていない。その証拠に、学生を確保するだけ確保して、あとは補習で補っている大学すらあるほどだ。

大学で外国語を担当する教師が、高校卒業までに身につけてほしいと考える英語とは、どんなものか。

わたしの周りの大学関係者たちに訊《たず》ねると、だいたい同じような意見を持っていることがわかった。おそらく、このあたりが常識ではないかというラインも浮かんでくる。そういうことも参考にしながら、わたしの考える中学・高校の英語教育のポイントを紹介してみようか。

P「いいですけど、あまりたくさん注文つけられても困りますんで……」

C「ある程度は絞ってもらえますか？」

わかったよ。

それでは英語学習の具体的な項目を検討しながら、厳選して三つだけ「注文」をつけさせてもらうことにしよう。三つくらいならいいだろう。

ここで再びアンケートの登場である。第一章と同じように、現場の声としてCくんとPくんの意見を聞きながら、話を進めることにする。

子音だけ発音できるか

まずは発音について考えてみよう。

Q6　生徒の英語の発音は全般的にどうですか？
(1)　まあなんとか通じる

(2) おそらく相手はほとんどわからない
(3) 日本語ですら発音が不明瞭だ

Cくんも P くんも、揃って(2)を選んだ。

そうか、教え子たちの発音では、ほとんど通じないのか。

これはもちろん「人前で声を出すのが恥ずかしい」という心理と関係しているのだろう。いずれにせよ、これではネイティブの授業をいくら導入したところで、そう簡単に改善されるとは思えない。

その一方で「どんな英語を身につけたいですか」と訊ねれば、きっと生徒の多くが会話をしたいとか、実用的に使えるようになりたいと答える。この点では世間の感覚と変わりがない。困ったものだ。

もう一度確認するが、中学・高校の英語の授業は、時間が少なく生徒は多い。すべてを指導することはできないが、その中でも発音に割ける時間は非常に限られている。そんな条件のもとで、是非とも押さえてほしいことは何か。

「子音だけで発音できる」

これを一つ目の注文としたい。

日本語の音節構造はCV型、つまり子音（C=consonant）と母音（V=vowel）の組み合わせが基本である。子音で終わることはほとんどない。このような言語の母語話者が、子音で終わる語がたくさんある言語を学ぶとき、どうしても余計な母音を加えてしまう傾向がある。それをなんとかしてほしいのだ。

日本人にとってとくに難しいのが、tとdの発音である。わかりやすいのは語末。batは「バット」、bedは「ベッド」となり、最後が「ト」「ド」、つまり /to/ /do/ になってしまう。

この場合、日本語が外来語を受け入れるときの法則が、さらに話をややこしくしている。つまり他の子音では、語末のkは「ク」、pは「プ」のように、母音「ウ」を補うことになっている。例外的にtとdだけが、母音「オ」を補う。この「オ」は誤魔化しが利かないほど目立つ母音で、発音するときに注意しないと、思いきり「ト」「ド」が響いてしまうのだ。

tとdの音は、日本語の「タ」「テ」「ト」や「ダ」「デ」「ド」などの子音と似ている。正確には舌先の位置が違うけど、まずはここから始めるのが近道。とはいえ、すでにしっかりと組み合されている生徒の「子音+母音」から、母音だけを引き離すのは、決して楽ではない。

tで考えてみよう。まずは「ト」を発音させる。次になるべく口の中を狭くして、でも唇は突き出さないようにして、再び発音する。全体に口の開け方が小さい日本語だが、「オ」では縦に開けることがはっきりと意識できるはず。さらにtを強調する気持ちで発音する。こんな感じで、本人に自覚させることはできないだろうか。

このような子音の発音は、個別には大丈夫でも、語中や文中では疎《おろそ》かになりがちになる。もちろん、個別にできなければ発音は不可能なのだが、あとは気づいたときに少しずつ直すしかない。でも、こういう練習を少しでもしておいてくれたら、この先、英語はもちろん他の外国語を学ぶときに、必ず役に立つ。だからこそ、中学・高校のうちに是非とも身につけてほしいのである。

リスニングは耳の問題か

まず確認しておきたいのは、英語の「聴き取り」＝「リスニング」というのが現在では一般的であり、「ヒアリング」は公聴会を意味する。これを混乱しているようでは、現代の英語教育問題を論じることはできない。

さて、知らない英単語は聴き取れない。当たり前である。

だが、知っている英単語まで聴き取れないことがあるのはなぜか。

一つ考えられるのが、音の融合パターンに慣れていないことである。have と a が並んでいれば、「ハヴ・ア」ではなくて「ハヴァ」になる。ふだんからいい加減な発音をしていると、こういうところで聴き取れない。

「一つ一つの音を発音するのに精一杯なんだから、そこまでは無理だよ」とはいわせないぞ。だって、Thank you. を「サンク・ユー」という日本人はいないいんだからね。

ちょっとしたことが原因で聴き取れなくなることもある。たとえば better が「ベター」よりも「ベラー」に聞こえる。これは母音間の t が r になるアメリカ式の発音のためで、比較的よく耳にするパターンである。こういうことは、ちょっと教えておくといい。「ベラーって聞こえても、それはヘンではないんだよ」と指摘するだけで、生徒は精神的にだいぶ違う。

外国語のリスニングとは、そういう経験の積み重ねである。教師は、部分的な知識を与えることはできても、最終的には、本人に多くの経験を積んでもらうしかない。

経験の一つとして大切なのが、音読である。自分で声に出して読むことは、発音の上達だけでなく、聴き取りでも効果を発揮する。それに、自分で発音できない音は、聴き取れないともいう。

ただし、教室で声を揃えて音読することがどこまで有効かは、なんともいえない。これについても、発音に興味のある生徒への個人指導に限定したほうがいいかもしれない。

リスニングの苦手な人は耳が悪いと嘆《なげ》く。でも悪いのは耳ではない。音は聞こえているのである。それを理解するのは脳だ。ということは……

とにかくリスニングについては、音の融合などのパターンに気をつける。これさえわかってくれれば、とくに注文はない。たった三つしか使えない「注文」なので、慎重に選びたい。したがってここではパス。

難しいのは文法用語ではないか

次に文法である。

誰もが想像できることだが、文法は非常に評判が悪い。「生徒は文法が好きだと思いますか」などと訊ねるまでもなく、「嫌い」にほぼ決まっている。

わたしはこれまで文法を懸命に擁護《ようご》してきたのであるが、改善される兆《きざ》しは一向にない。その反対に《文法なんかやらなくても英語ができるようになりますよ》といった、明らかに嘘をついている本が売れていたりして、悲しいばかりだ。

ここでは設問を少し捻《ひね》ってみた。

Q7　生徒が英語の時間に居眠りをする原因は何でしょうか？

(1)　文法の説明が難しい

(2)　睡眠不足である

(3)　居眠りをしている生徒など一人もいない

二人揃って(1)を選んだ。Cくんは(2)の可能性もあるとした。

(2)について、そもそも現代人は睡眠不足である。これは生徒に限らない。電車に乗れば、乗客のほぼ全員が朝から寝ていることもあり、これはよく考えれば恐ろしい光景である。自分の体力を超えて仕事や勉強をしているのか、夜更かしをして遊んでいるのか。理由は個々人で異なるだろうから、なんともいえないけど。

とにかく、睡眠が絶対的に足りなければ人間は生きていけない。睡魔に襲われたとき、これに打ち克つことは非常に難しい。だから、睡眠不足の生徒が授業中に寝てしまっても、教師は手の施《ほどこ》しようがないのだ。教師の責任ではないし、そもそも英語という科目の問題でもない。

だが、英語教師の中には「もしかして、自分の文法説明が下手で退屈だから、生徒が寝ちゃうんじゃないかな」と心配している人がときどきいる。人がいいというか、なんというか……。英語教師は謙虚である。

まあ、そうとも限らないんだけど、ひとまず「英語の文法の説明が難しいから、生徒が寝てしまう」ということにして、対策を考えてみることにしよう。

まず整理しておきたいのは「文法が難しい」とはどういうことかである。

文法のしくみを理解するのが難しい。

一般にはそう信じ込まれているのだが、わたしは別の要因もあるのではと考える。

つまり、文法用語が難しいのではないか。

用語というものは、どの分野でも厳《いか》めしい。専門家の間で使うものだから、一般向けに容赦してはくれない。文法だって「法」というくらいだから、難しそうな用語がたくさんある。「時制の一致」「仮定法過去完了」「独立分詞構文」ばかりでなく、「名詞」や「母音」ですら、日常とかけ離れた理解不能な存在であるように感じているのかもしれない。

もちろん文法用語をなるべく使わないで英語を教えることはできる。最近の教科書ではそういうものも少なくない。だがそれにも限度がある。さらに用語をいっさい使わなければ、非常にまどろっこしいことにもなってしまう。

だからといって「文法用語を徹底的に教える」というのも非現実的だ。それでは用語の理解で精一杯となり、英語そのものの理解や運用にまでたどり着けない。

大切なのは「わからない」の中に「英語がわからない」と「文法用語がわからない」の二つの理由が考えられることだ。教師はそれだけでも心に留めておいてはどうだろうか。

最難関はbe動詞？

では、文法用語ではなく、文法そのものの難しさを考えてみる。

たとえば英語のbe動詞。言語学では連結動詞あるいは「コピュラ」という。ある名詞句が他の名詞句あるいは形容詞と同一であることを示す動詞である。この説明、英語教師だったらわかるよね。

このｂｅ動詞、英語学習の比較的初歩の段階で必ず登場するのだが、教えるのがとくに難しい。日本語で対応するものがないからだ。

絶対にやめてほしいのが、その場かぎりの日本語対訳でごまかすことだ。中でも最悪なのは「は」という助詞を当てはめること。Mr. Green is my teacher. に「グリーン氏はわたしの先生です」という訳を与え、一つ一つに対応させた結果、「is」＝「は」とすることは、絶対にやってはいけない。そういうふうに覚えると、「グリーン氏は公園へ行きます」という文を作るとき、Mr. Green と goes の間に is を置いてしまう。まあ、今どきそんな教え方はしないだろうけど。

それではｂｅ動詞に「です」を当てるのはどうか。いや、やっぱりうまくいかない。確かにｂｅ動詞の前後が名詞句の場合にはいいのだが、「グリーン氏は若い」のように、述語が形容詞の場合に「です」がなくても成り立ってしまう文では、ｂｅ動詞を忘れてしまう。

ｂｅ動詞は、学習者のはじめて出合う英語の特徴ではないか。だからこそ、大切に扱いたい。日本語では「彼女は学生だ」「彼女は美しい」のいずれの文も動詞がないが、英語はそういうことがない。英語の文では必ず動詞が必要だからである。そこで、日本語で考えても動詞が思い浮かばないときには、ｂｅ動詞が登場することが多い。

言語には、いつでも動詞が必要な英語タイプと、そうでもない日本語タイプがある。あまり言語学的ではないけれど、なんとなくでいいからそれを感じとってほしい。そこから英語と日本語の差異の認識へとつなげていければ、理想的である。

だがそのためには、日本語の「動詞」という概念がわかっていなければならない。こういうとき、文法用語がどうしても必要になってしまう。

文法書を一冊

文法の例としてbe動詞を取り上げたが、本来、文法とはバラバラな知識の寄せ集めではなく、まとまった体系である。体系として英文法をきちんと捉えているだろうか。まずは英語教師自身が確認しなければならない。そのためには、文法書をまるまる一冊読み通すといい。

どんな文法書が適切か。

まずは石黒昭博『総合英語フォレスト』(桐原書店)を読むことにしよう。これは現在もっともポピュラーな参考書で、Cくんが英語のおもしろさに気づくキッカケとなった本でもある。

自らが受験のときに部分的にお世話になった英語教師は多いかもしれないが、隅々まですべて読み通した人は少ないのではないか。たとえ読んだとしても、英語教師となった今再び読み返すと、また違った発見があるかもしれない。ここから始めることにしたい。

英語は文型と語順が大切なので、『フォレスト』では、はじめに簡単な構文論があり、文の種類や文型などの説明がある。

文型や語順の関係からすると、意外に複雑なのが疑問文の作り方である。英語教師はもうすっかり慣れているので、ふだんは気がつかないけれど、改めて説明するとなるとなかなか厄介《やっかい》である。

『フォレスト』では英語の疑問文を次の三つに分類する。

① be動詞を含む疑問文＝〈be動詞＋主語〉の語順
② be動詞以外の動詞を含む疑問文＝〈Do/Does/Did＋主語＋動詞の原形〉の語順
③ 助動詞を含む疑問文＝〈助動詞＋主語＋動詞の原形〉の語順

助動詞を含む疑問文は、Doなどを使わないで、その助動詞自身が前にくる。

いわれてみればそうだけど、わたしはまったく意識していなかった。

また、英語の助動詞は、疑問文では一般動詞とは違った語順を取り、現在変化では三人称単数に-sをつけない。そこが一般動詞と違う。助動詞というカテゴリーは、意味や機能だけでなく、その形も特徴的なのだ。そういうことを授業中に指摘しているだろうか。

従来の品詞のみの分類だと、こういうことは見過ごされてしまいそうになる。『フォレスト』に目を通すことで、英文法の全体像を把握することができる。

生徒にも薦めたいところだが、これを理解できる生徒は限られる。まずは教師がよく読んで、そのよい部分を選んで紹介するところから、はじめたほうがいいかもしれない。

一対一対応ではない

生徒が文法を理解するために、気をつけたいことが二つある。

一つは、英単語一つ一つを日本語に対応させても、うまくいくとは限らないということ。これを認識することが、まず大切である。

たとえば冠詞。中学一年生にaとtheを説明するのは、本当に難しい。だからといって、aは「一つの」で、theは「その」という訳を無理やり当てはめても、まったく納得いかない。それに従って和訳したら「これは一つのリンゴです」というような、ヘンな日本語が出来上がってしまう。

もう一つ注意したいのは、伝統的に対応する和訳が現代の日本語として古い場合である。たとえばoften。お決まりのように「しばしば」と訳すが、中学生はそんな日本語を使わない。わたしもはじめて聞いたときには、なんのことだろうと訝《いぶか》しく感じた。意味がわかったとき、それじゃあ、どうして「よく」って使わないんだろうと疑問に思った。

想像するに、「よく」というのはwellに当てたい訳語なのである。中学生にわかりやすくするため、一対一の対応を決める。こうすればoftenとwellは混同しない。その代わり、日常とはかけ離れた奇妙な日本語を使うことになる。

この二つの条件が重なると、関係代名詞whichを「〜するところの」と訳すような、ピンとこない上に古めかしい日本語になってしまうため、理解不能となる。これでは、とても使いこなせるようにならない。

いずれにせよ、英語に日本語を無理やり当てはめようとする姿勢では、困るのである。中学生や高校生には単純な対応のほうがわかりやすいといった、目先の利益を優先させると、その場はしのげるかもしれないが、すぐに限界となり、生徒の英語は伸びなくなる。

「英語と日本語は完全に対応するわけではない」

これを認識してもらうことを、二つ目の注文としたい。

ただし《英語のニュアンスは日本語で伝えられない》とか《日本語の心は外国人にはわからない》ということではない。ことばを尽くせば、概念を伝えることは必ずできる。ただ言語の形式というものが、完全な一対一対応を示しているわけではないということである。

部分点を目指すな

英語教育の中で、もっともタイヘンなのは英作文だろう。その難しさは英語と日本語が完全に対応していないことに原因があるのだが、それだけではない。

Q8　英作文を教えるときに最も難しいのは何でしょうか？

(1)　正解の可能性がたくさんあること

(2)　部分点を与える基準が微妙なこと

(3)　ネイティブでない自分は最終的な正誤判断ができないこと

Cくんも P くんも、すべてが当てはまると感じたのだが、強いて挙げてもらったところ、二人とも非常に迷いつつも(3)を選んだ。

それはわたしもわかる。教師にとっても英語は外国語。生徒が書いてくる英作文の中には、判断に迷うものも少なくない。こういうとき、ネイティブでないことを思い知らされる。とはいえ、正誤判断がまったくできないわけではない。誤用の傾向はある程度なら予測がつくし、正しいかどうかは調べることもできる。

重要なのは、英作文では多くの場合に正解が一つではないことである。与えられた日本語をどう解釈するかによって、複数の文ができあがることを覚悟しなければならないのだ。

もちろん、授業や試験ではこれに対策も立てられる。

C「語数や語彙の指定などをすれば、グレーゾーンはなくなります」

そうなのだ。だから入試その他では、語彙の並べ替えや穴埋めなどといった「準英作文」問題が主流になる。こうすれば正解は絞れる。

C「でも、それではつまらない気がします」

やっぱり、英作文は自分で表現したいことが自由に表せることを目指したい。かといって自由に書かせたら収拾《しゅうしゅう》がつかないことになる。もちろん、書いている本人も自信がない。それでもテストでは苦し紛れに何かを書いてくる。ただし積極的だからではない。

「部分点」を求めているのである。

中学生や高校生にとって、英語は試験と切り離せない。少しでも多くの得点を稼ぎたいと考えるのは当然だろう。その中でも英作文では、あまりにも難しくて、完全な正解を書いて点を得ることが不可能に思えてくる。そこで不完全ながらも、教師が部分的に「正しい」ところを見出して、少しでも点をくれることを期待するのだ。

いくら作文が難しいからといって、意味の通る文ははじめからあきらめて、熟語とか単語を殴り書きした中から、得点につながりそうなものを採点者に選んでもらうのは、邪道というか、コミュニケーションではない。

英作文を採点する場合、「この文をネイティブが聞いたらどのくらい理解するだろうか」という視点から評価を考えることが多い。だがそれにも限度がある。動詞はすべて不定形、名詞はすべて単数形でも、ネイティブは許容度が高いので理解できる。だったら、時制も語順もどうでもよくて、単語だけで押しまくるのがよいことになってしまう。それは英語教育ではない。

いや、これは英作文に限らないのかもしれない。部分点という姑息《こそく》な手段は、試験以外では何の役にも立たない。それなのにそういう精神を引きずっている者が、大学生にさえいる。もちろん、この先に語学が伸びることはない。

できれば部分点を与えないでほしい。綴りが違っていることすら大目に見ないで、不正解であることをはっきりと生徒に伝える。英作文では理解のあいまいな点が浮かび上がってくる。知識の誤りを訂正するチャンスなのだ。

難しいことはわかっている。得点の低い生徒が続出する危険性もある。でも何らかの方法で「試験の奴隷」状態を抜け出さないと、後になって、外国語を専門的に勉強することができなくなってしまうだけでなく、どの分野においても使える英語力が身につかないのである。

まともな日本語に訳せるか

英作文は非常に難しいが、それに比べて英文を日本語に訳す作業は、比較的やさしく、また基礎的であると考えられている。とくに英語学習を開始して間もない頃は、語彙と文法をもとに英文を和訳することによって、知識を確認し、誤りを修正していく。それが、従来とられてきた方法だった。

だが、それでよいのだろうか。

Q9　生徒の英文和訳における根本的な問題は何でしょうか？
(1)　英語の構文が理解できていないので、誤訳をしてしまう
(2)　日本語の表現がつたないので、和訳が不自然だ
(3)　字が汚くて、何を書いてあるのか判読できない

Pくんは自分の経験から(1)と(2)を挙げた。「振り返ってみると、自分の高校時代には(1)が原因で和訳ができませんでした。でも現在の教師という立場からすると、問題は(2)です。直訳では生徒に伝えられないからです」

Cくんは(2)のみを選んだ。「(1)を教えることが文法の授業だと考えています。(3)についてはネイティブの字に比べたらはるかに読みやすいです」

ここからは英語と日本語の関係を考えていく。

和訳は、複雑な英文を日本語に置き換えるときにのみ問題となるわけではない。たとえば次のような、中学一年生で学ぶようなやさしい英文でも、難しいことはいろいろある。

(A)　Do you speak English?
(B)　Can you speak English?

参考書や問題集では、それぞれの訳として(A)に対しては「あなたは英語を話しますか」、(B)に対しては「あなたは英語を話すことができますか」をそれぞれ正解としている。

だが実際には、英語と日本語は一対一対応の関係ではないのだから、(B)に対してはもっといろいろな訳が考えられる。

(B)－1「あなたは英語を話すことができますか」
(B)－2「あなたは英語を話せますか」
(B)－3「あなたは英語が話せますか」

この中で、どれがいいのだろうか。

わたしの感覚では(B)－3がもっとも自然である。(B)－1はあまりにぎこちなく、日本語として少々問題ではないか。だが英文解釈としては正しいことになっている。訳文のなかに「〜することができる」が含まれていれば、canを理解していることが確認できるからだ。そういう視点から正解を決めることが、和訳では実に多い。

では次の訳文はどうだろうか。

(B)－4「あなたは英語を話しますか」

つまり(A)に対する訳と同じである。わたしだったら、これも正解とする。そもそも文脈のない文だし、この場合 Do you ～と Can you ～がそんなに違うとも思えない。実際の翻訳書だったら、(B)－4は間違いなく正解である。

しかし試験では、(B)－4は誤訳あるいは減点対象となる可能性がある。英文(A)と英文(B)の違いを理解しているかが確認できないからだ。もちろん採点者にもよっても違うだろう。だが実際、某大学で英語を教える教師は、多少ぎこちなくても、構文をちゃんと理解していると思われる訳のほうに、より多くの点数を与えるといっていた。これを聞いたときには、わが耳を疑った。だが、そういうものなのだそうだ。

試験の採点者ばかりを責めるわけにはいかない。生徒自身も「can ＝できる」という、一対一対応のわかりやすい公式に当てはめるだけで、自分の書いた日本語を反省しなくて済むのは楽である。ぎこちなくても点が取れるのなら文句はない。これじゃどっちもどっちだ。

こういうクセをつけてしまうと、後になって訂正するのが難しい。外国語学部の学生になっても、「英語を話すことができる」といった訳を平気で書いて、大学教師を驚かせる者が少なくないのだ。

さらに「can ＝できる」以外の公式を知らないから、You can take my umbrella. は「あなたはわたしのカサを持っていくことができる」というような、お前は何様のつもりだとツッコミたくなるような訳になってしまう。「わたしのカサを持って行っていいよ」にならないのである。

どうやら、一対一対応ではないという認識だけでは足りないのかもしれない。もっとはっきりと示す必要があるのではないか。

「不自然な和訳は必ず間違っている」

そう、しかも必ずなのである。だから考え直してほしいというのを、三つ目の注文にしよう。

そのためには、日本語のセンスがしっかり身についていなければならない。

C「日本語の不自然さに気づかないことが一番怖いですよね」

では、どうしたらいいのだろうか。

公式から外れる融通性

生徒の和訳を指導するためには、まず英語教師自身が日本語のセンスを磨く必要がある。そのとき参考になるのが安西徹雄氏の著作である。

安西氏は翻訳という立場から英文法を見直す作業をおこない、その成果としてさまざまな本を出版されている。どれも英語教師にとって必読書であるし、英語以外の言語を専門とする者にとっても、学ぶところが多い。

数多くの著作から、『翻訳英文法徹底マスター』（バベルプレス）を紹介しよう。例文に対する試訳が興味深い。

After my mother's death, her maid became my nurse.
訳例ａ　私の母の死後、彼女の女中は私の乳母になった。
訳例ｂ　母が死んだ後、母の女中が私の乳母になった。

本来のポイントは「主語を表わす所有格」で、名詞の中に文章を読むことである。「母の死後」より「母が死んだ後」のほうが、日本語として落ち着く。

しかし他にも工夫がある。まず、日本語の代名詞はなるべく避けたほうがよく、「彼女」を使わずに「母」を繰り返すか、あるいは「私の」が前後からわかるのであれば思い切って省く。

また「は」を「が」に替えていることにも、気づいただろうか。

The most instinctive act of nearly every creature is to protect its young.
訳例 a　ほとんどすべての生物のもっとも本能的な行動は、その子供を守ることだ。
訳例 b-1　ほとんどすべての生物がいちばん本能的に取る行動は、子供を守ることである。
訳例 b-2　生物がいちばん本能的に取る行動は、ほとんど例外なく、まず子供を守ることである。

これなんかは、訳例を比べてみるだけでずいぶん勉強になる。左に行くにしたがって、訳がわかりやすくなっていることが感じられないとしたら、それって日本語のセンスにちょっと問題があるんじゃないの？

よい和訳というものは、公式を当てはめただけではできない。ときには公式から外れる融通性も必要になる。杓子定規《しゃくしじょうぎ》では言語の運用も教育も、うまくいかない。このことに英語教師自身が気づいてほしい。

それとともに、英語教師には日本語の感覚が必要であることも浮かび上がってきた。ますますタイヘンなのだが、日本語についても少し勉強してはどうだろうか。これについては後でもう少し考えてみたい。

それにしても、和訳はうまくいくと爽快感を伴う。ぴったりとした日本語になると気分がいい。これを教師自身が体験し、さらにそれを生徒たちにも伝えてほしい。センスのよい言語感覚を通して、英語が、さらには日本語が好きになってくれれば、それがいちばん嬉しい。

P「でも、それで大学入試なんかは大丈夫でしょうか」

そこだよね。だから、賢い生徒にはこんなアドバイスが必要かもしれない。

「君の日本語センスはすごくいいけどさ、場合によっては『can＝できる』だけが正解と信じている、マヌケな採点者向けの答案も書けるようにね」

本当にセンスがあれば、日本語だって使い分けられる。これもある種の融通ではないか。

自習へのアドバイス

これまでに挙げた三つの注文を、ここでまとめてみる。

「子音だけで発音できる」

「英語と日本語は完全に対応するわけではない」

「不自然な和訳は必ず間違っている」


こんなことを、なんとなくでもいいから生徒が理解してくれれば、大学に入ってから英語や他の外国語がさらに伸びるのではないかと考えている。

これに加えて、もう一つ注文するとすれば……

C「あれ、注文は三つって約束ではありませんでしたか」

あっ、そうだった。でも、もう一つあるんだよね。三つじゃなくて四つになっちゃうけど、ほら『四つのお願い』っていうのもあるし……

P「なんですか、それ。ふつうは三つですよ」

あれっ、ちあきなおみって知らない?

では、番外編として聞いてくれ。

「英語学習に単純作業を導入してほしい」

英語は毎日勉強するのが望ましい。一方で、調子のよいときと悪いときは誰にでもある。リスニングとか作文とか、そういう能動的な作業は、調子のよいときにしかできない。問題集は頭の働くときに解かなければ意味がないので、毎日やるには向いていない。だから単純作業を取り入れたい。

いちばん簡単なのが「写す」こと。手で覚えることは、語学にとって重要である。辞書の例文を一日に五つとか七つとか決めて、後はひたすら書き写す。多少頭が働かなくても、作業は進む。大切なのは達成感。

それから時間制ではなくて、出来高制にする。一日三十分というような時間ではなく、一日分の学習範囲を決めておき、それが終わればＯＫとする。

何が目的かというと、生徒に自主的な勉強を勧めてほしいのである。勉強は自分でやるもの。そういうことはこれまで各自の自主性に任せてきたけれど、勉強へのヒントは与えてもいいのではないか。

知識ではなくて方法を教えるのが、これからの教師に必要となってくるかもしれない。

きっかけは英語

英語教師にとって、目の前にある悩みは尽きない。個々の問題に対して個別に対応していくだけでも、なかなかタイヘンなことだろう。

とはいえ、やっぱり哲学も必要である。

Q10 英語を通して生徒にわかってもらいたいことはどれでしょうか?
(1) 英語を学ぶと視野が広がるんだよ
(2) 英語を学ぶと入試や就活で有利だよ
(3) 英語を学ぶと貧乏から抜け出せるよ

もちろん、CくんもPくんも(1)を選んだ。

そうだよね。そういう気持ちで教える教師になってほしい。それで生徒が英語に興味を持ち、好きになってくれるのなら、大学に入ってもきっと伸びると思うし、そうでなくても、少なくとも外国語を毛嫌いする「国粋主義者」にはならないはずだ。そういう人が増えてほしいのである。

ただし、生徒が視野を広げるためには、教師自身がもっと勉強していく必要がある。教員免許を取っただけで安心していてはいけない。

それでは、日々忙しい中でどのように勉強していけばよいか。次の章では英語教師自身の英語学習について考えていくことにしよう。

コラム 英語教師の合宿

ふだんから頻繁に会って飲んでいるクセに、それでも足りなくて、ときどき合宿をする。箱根や熱海に出かけ、泊まりがけで話をするのが目的だ。

もちろん、遊びではない。研修である。

各自が事前にそれぞれテーマを用意する。合宿本番ではプリントなども配られ、しっかり勉強する。なかなか本格的なのである。

ただし、ふつうとはちょっと違う。

ふつうの研修は、先に勉強して、あとでゆっくり懇親会。

ところがわれわれ三人は、まず飲んで、それから研修。

これは過酷である。

はじめに外で一、二軒飲む。もちろん、英語の話をする。これはいつものこと。みんな酔って騒ぐようなタイプではないので、いたって静かに、しかもたくさんビールを飲む。そして話す。

それから宿へ向かう。途中で飲み物を調達することも忘れずに。部屋に落ち着いたら、再び少し飲んで、それから研修が始まる。

テーマは多岐にわたる。ことわざを覚えたり、歴代のアメリカ大統領の名前と顔をチェックしたりと、ふつうはアルコールが入っているときに絶対やらないようなことを、敢《あ》えてやる。ふだんから生徒に覚えることを要求している教師たるもの、自らにはさらに厳しい修業を課すのである。

あるときわたしが用意したのは、アメリカ五十州の名称とその略語であった。

AK＝Alaska
AL＝Alabama
AR＝Arkansas

……


こんな感じで、五十の州名が並んでいる。これをワイン片手に覚えるのである。制限時間は一〇分くらい。

時間になると、この資料を片づけて、新たなプリントを一枚、三人の中心に置く。そこには州名がAKとかALなど、略語でのみ書かれている。その横に正式な綴りを順番に書き入れるのだ！

酔った頭でやることではない。だが無謀な三人は、果敢《かかん》にチャレンジするのである。

三色ボールペンを用意して、それぞれの色を決める。書き込むときは自分の色で書くのである。州名はABC順ではなく、好きなところから書き入れていい。ただし、自信のあるところを選ぶことが大切。

あれこれワイワイいいながら、順番に書き込む。はじめのうちは、覚えている州名が多いから困らない。でもNYのようなやさしいものを選ぶとブーイングで、冷たい目で見られてしまう。ここはがんばって、少しでも難しそうな綴りに挑戦する意地を見せたい。

書いていくうちに、いろんなことに気づく。たとえば綴り。アメリカの州名には先住民の言語が起源のものもあり、文字配列が独特で、書きながらも不思議な気分になる。

C　ワイオミング州は Wyoming って綴るんですね。変わってるなあ。

P　どうしてバージニア州 Virginia には、さらにウエスト・バージニア州 West Virginia があって、しかも東などはないんでしょうか。

そりゃ、東京の山手線だって、「日暮里」駅のほかに「西日暮里」駅があるじゃん。

P　あっ、なるほど！

ここでPメモの登場。おいおい、感動ポイントはそこかい？

書き進んでいくと、難しい綴りのものばかりが残るようになる。はじめに音《ね》を上げるのがPくん。

P　もう一回見るのはダメですか。

C　ダメだよ。

P　そこをなんとか。

じゃあ、一分で千円！

金を巻き上げるとは酷《ひど》い話。それでもPくんはたしに千円払って、五十州の一覧表を一分睨《にら》む。真剣な一分間だ。

こんなふうにして、なんとか仕上げる。一息ついてから採点。解答と照らし合わせながら、チェックしていく。

その結果は……、いや、こればかりは、あんまり話したくない。いまも手もとにこのときのプリントがあるのだが、みんな酔っているものだから、字もヘロヘロで、読めたもんじゃない。

でもこういうのって、なんだか楽しいのだ。ただ飲んでいるのとは、また違った盛り上がりがある。
だから毎回、各自が工夫を凝らした教材を持ち寄る。
こういうのが、授業をおこなう上でも、いろんなヒントになる。

そうそう、Ｐくんの千円は、あとでみんなのコーヒー代になりました。●

3

教師が学習する英語

英語の勉強に終わりはない

この章は冒頭からアンケートで始めることにする。

Q11　自分の英語能力についてどのように感じていますか？
(1)　まだまだ勉強不足だが、教えるのには問題ない
(2)　勉強不足の上に、教えることにも自信が持てない
(3)　英語以前に日本語をなんとかしたい

Cくんは(1)を選んだ。「授業中はいいんですが、英語そのものについては、まだまだなので、さらに知識を深めていきたいです」立派な心がけである。

一方Pくんはといえば、選んだのはなんと(2)だった！

ちょっとちょっと、大丈夫？

Ｐ「でも、専任教員になってから日もまだ浅いですし。わからないことだらけで、やっぱ、自信ないっす」

確かに教師として自信を持つまでには、どうしても時間がかかる。その点では三年目を迎えるＣくんのほうが、気持ちとしても安定しているだろう。

Ｐ「いや、それだけではないんです。ぼくは中学・高校と付属校だったんで、受験勉強とか、あまりしていなくて、英語の知識があちこち抜け落ちているような気がするんです。それに比べて、Ｃは大学時代から成績もよかったですし」

うん、それは知っている。わたしだって、君たちの成績をつけたのだから。

Ｐ「……」

だけどねＰくん、今や君は大学生でなく、すでに高校の英語教師なんだよ！

知識が足りないのだったら自分で埋めていくしかない。そうでなくとも、英語の学習は無限に続く。哲学的なことをいっているのではない。いつまで経っても先があるというのが、言語の世界なのである。

無限に続くからといって、途中で投げ出すわけにはいかない。教師はみな、多かれ少なかれ、教えながら自分で学んでいくもの。そのうち知識が蓄積されていけば、自信もついてくる。

Ｐ「あの、具体的にはどうしたらよいのでしょうか」

……そうだった。Ｐくんは抽象的な思考が得意ではない。それじゃあ、もっと具体的な話をしようか。

わたしが突如として大学の英語教師になったときには、そりゃ不安だった。

いや、教えることには自信があった。それまで十年以上も教壇に立ってきた経験があったので、その点では大丈夫なつもりだったのだ。

しかし、英語という新しい科目を担当するにあたっては、密かにいろいろ悩んでいた。慣れないことを教えるのは、何よりも居心地が悪い。表向きにはなんでもない振りをしていたけれど、本当は心臓がドキドキしていたし、ときには生爪《なまづめ》を剥《は》がされるのにも似た苦痛さえ、心に感じていたのだ。

それでも、なんとか英語を担当できたのには、いくつか理由がある。

まず、言語学の知識に支えられていた。言語とは何かということについて、自分なりの答えをすでに持っていたのである。その点では、どんな言語を教えてもなんとかなるだろうという自信があった。ロシア語だろうが英語だろうが、言語は言語である。この点で迷いはない。

それから、徹底的に予習した。授業の進展をなるべく細かく想定して、丁寧に準備を進めたのである。もちろん、予定通りに行かないのが授業なのだが、それでもできることはすべてやった。品詞を確認し、発音に自信の持てない単語には発音記号をメモし、前もってひと通り音読もした。

だが、それだけが理由ではなかったようだ。

英語の授業を担当して一〜二年が経過すると、自分でも意外なことに気がついた。

「オレって、英語教師を始める前から、ずいぶん英語に触れていたんだな」

それまでの人生、英語はわたしにとってたいして重要ではなく、長い間、ロシア語や古代教会スラブ語、チェコ語なんかを熱心に追いかけていた。ところが振り返ってみれば、英語にも必ずどこかで触れていて、途切れることがなかったのだ。それも塾講師とか、そういうのではない。なんというか、多くの外国語のうちの一つとして、英語は常に身近だったのである。「英語ばかりが外国語じゃないぞ」と訴えつつも、長年にわたって親しんできたことに、英語教師という職業を通して、はじめて気づいたのだ。

「フェルせんせい」

たとえば幼い頃からマザー・グースに親しんでいた。

もともと読書が好きな子どもだったのだが、児童文学全集を片っ端から読むようなタイプではなかった。好みがはっきりしていて、気に入れば何度も繰り返し読み、興味が持てなければ強制されても読まない。子どもの頃から頑固だったのである。

家には親の影響で、本が溢れかえっていた。絵本も多かった。中には外国語で書かれたものもあった。外国語では意味がわからないのだが、それをとくに気にすることもなく、絵が気に入れば飽《あ》きることなくページを開いていた。

お気に入りの一つが、*Richard Scarry's Best Mother Goose Ever* だった。もともとリチャード・スカーリーの作品が好きで、お年玉を貯めては日本橋の丸善へ出かけ、毎年一冊買うことにしていた。

翻訳ではなくて原書だった。なぜだかわからないが、日本で販売するにあたって作成したらしい解説書がついていて、そこには全訳があった。意味を知りたければ、それを読めばいい。ところが、わたしは内容を読み解くことにはあまり熱心でなく、ただイラストを眺めたり、そこからストーリーを想像したりするのが好きだった。そのうち解説書も紛失してしまう。

このマザー・グースの本は、わたしのものではなくて、母の所有だった。我が家の掟《おきて》では、本の所有が非常にはっきりしていて、他人の本を無断で読んではいけない。それでも、ときどき勝手に書棚から引っ張り出しては、眺めていた記憶がある。この本にはさらにソノシートがついていて、何回か聴いた。意味はわからなくても、音が楽しかった。

それと並行してマザー・グースの日本語訳も読むようになった。谷川俊太郎のマザー・グースは、訳者の日本語のリズムが自分に合っていたからか、暗記するほど繰り返し読んだ。紛失してしまったスカーリーの解説書が谷川訳であることは、後に知る事実である。とにかく、わたしのマザー・グースは、すべて彼の訳で頭に入っている。

中学生となり、英語を勉強するようになると、この二冊の本が頭の中で結びつきはじめる。スカーリーの本にある英語を目で追いながら、谷川訳を思い出す。マザー・グースの音と意味がここではじめて結びつく。

こうして、勉強とはまったく別に、マザー・グースはわたしの記憶の中にしっかりと定着していった。原詩を暗記しているものもある。そのためか、解釈をしようという気がなくて、自ら口ずさんで音を楽しんでいる傾向がある。

いちばん好きな歌を紹介しよう。

I do not like thee, Doctor Fell,
The reason why I cannot tell;
But this I know, and know full well,
I do not like thee, Doctor Fell.

「フェルせんせい　ぼくはあなたがきらいです
どういうわけだか　きらいです
でもたしかです　まったくたしか
フェルせんせい　ぼくはあなたがきらいです」

いまでもときどきこの詩を口ずさむ。英語のときもあれば、日本語訳のときもある。ときには英語で、しかもDoctor Fellの部分に別の人物の名前を当てはめていることも多い。口ずさむだけで楽しい。

『ねむたい絵本』

もう一つ、わたしの英語に大きな影響を与えたのが、ドクター・スースの作品だった。ドクター・スース Dr. Seuss はアメリカの絵本作家である。日本ではそれほど有名ではないが、英語圏の子どもの間では、今も抜群の人気を誇る。

わたしが子どものとき、家にはこのドクター・スースの邦訳絵本が全十巻すべて揃っていた。出版元が倒産して、途中から別の会社が引き継いだりしたためか、シリーズなのに装幀のバラバラなところが妙だった。今でも出ているのだろうか。第一作『マルベリーどおりのふしぎなできごと』の原書が発表されたのが一九三七年で、以来ドクター・スースは、不思議な動物が登場する物語を数多く発表していった。日本の洋書店に行けば、今でもペーパーバックが簡単に手に入る。

昔から好きだったのが *Dr. Seuss' Sleep Book*『ドクター・スースのねむたい絵本』。いろんな妙な動物たちが、次から次へと眠くなるという、ただそれだけの話だが、睡眠前に読むとこれが非常に心地よい。思えば子どもの頃から不眠症気味だったのかも。

もちろん、幼少時代の読書など忘れてしまうもので、わたしもドクター・スースにはすっかりご無沙汰していた。だが数年前、ふとしたことから、再び読みたくなった。それも英語の原書を、である。

書店に出かけたが、他の作品ならいくらでもあるのに、この*Dr. Seuss' Sleep Book*だけは見当たらない。そこで、わざわざネット書店経由で取り寄せる。

長年親しんできた絵本を改めて別の言語で読むのも、なかなか新鮮な体験だ。一ページ目を開くと、ドクター・スースの英語は韻文《いんぶん》であることに気づく。

The news
Just came in
From the Country of Keck
That a very small bug
By the name of Van Vleck
Is yawning so wide
You can look down his neck.

すばらしいリズムとテンポではないか。しかもなぜか懐かしい。渡辺茂男はこれを次のように訳している。「ケックのむらからの／しらせによると、／ちびの　バンブレックが／大あくび。／のどのおくまで　見えるそうな」

この邦訳に親しんできたからこそ、わたしにとってドクター・スースの英語がとても自然なのかもしれない。英語で読むのははじめてなのに、昔からこれを読んできたかのように錯覚してしまう。

だがアメリカ文学を専門とするかつての同僚によれば、ドクター・スースの英語は難しいらしい。独特のリズムやテンポが掴《つか》み難《がた》いというのだ。

ところが、わたしにはこれがこの上なく心地よいのである。

体が覚えているリズム

このように、本人もまったく無自覚なところで、マザー・グースとドクター・スースが深く根付いている。これは英語教師をはじめてから気づいたことだ。

C「先生には意外な過去があるんですね。知りませんでした」

P「それにしても、ずいぶん特殊な環境で育ったのではないでしょうか」

うーん、どうだろう。

確かに、幼い頃からマザー・グースやドクター・スースに触れる日本の子どもは多くない。だがこれは単なる偶然ではないか。少なくとも、親が子どもの英語上達を狙ったとは考えにくい。先ほども指摘したように、こっちは気に入らない本には見向きもしない性格だったので、親が一方的に買い与えたとしても、成功する可能性は低い。

また、わたしの両親は外国語ができない。

父はミッション系の中学・高校に通っていて、英語に触れる機会はふつうより多かったはずなのに、クリスマスに酔って讃美歌を歌う以外、外国語を口にすることはなかった。

母はわたしが幼いとき、絵本の読み聞かせをしてくれ、ときには英語の絵本を辞書片手に読んでくれたこともあった。感謝はしているが、のちに同じ本を自分で読んでみると、物語がずいぶん違っていることが判明した。原作よりおもしろくなっていたこともある。それでも、英語が読めることは尊敬していた。そうそう、気に入った外国の本を読んでほしいとねだっても、英語以外はダメだと断られ、世の中には英語以外の言語があることをそのとき認識した。

マザー・グースにしても、ドクター・スースにしても、わたし自身は英語そのものに触れているわけではなく、翻訳を通して親しんでいたのに過ぎない。ただ、その翻訳が良質だったのである。翻訳に限らず、日本語でもリズムのいい作品をたくさん読んできた。このあたりに原因があるのか。

ある外国語に充分慣れ親しむと、そのリズムが心地よく感じる。これは語彙が多いとか、表現をたくさん知っているとか、そういう知識とはちょっと違う。

振り返ってみると、他の外国語にしても同様だった気がする。ロシア語は大学生のとき、マルシャークの『森は生きている』の朗読テープでリズムに親しんだ。いまでもロシア語で物語の朗読を聴いていると、その音の流れが快適に感じられる。また、ＤＶＤで大量の映画を毎晩のように観ているせいか、チェコ語もリズムが身についてきた。最近では、スロベニア語のリズムにも慣れつつある。リズムを体得した言語だけが、使いこなせるのかもしれない。

Ｃ「そういうリズムを身につけたいですね」

Ｐ「でも、今のぼくには難しい気がします」

確かに、すでに成人に達した君たちには、わたしとそっくり同じ方法はたどれない。ときどき「子どものように外国語を学ぶ」というキャッチフレーズがあるが、そんなこと出来るはずがなく、無責任な誇大広告である。

とはいえ、問題を解いたり単語を暗記したりというのとは一味違った、しかも英語教師にとって必要な勉強法というのは、あるかもしれない。

そんな方法を探ってみようか。

忙しい中で勉強する

とはいえ、現代の教師は非常に忙しい。これを忘れてはならない。

授業＋事務＋部活に加えて、研修だの何だの、個人の時間を奪うイベントがやたらにある。その中で、なんとか勉強していかなければならないのだ。さらに英語は、教師の能力を高めることが世間的にも求められているのであった。現状は厳しい。

Q12　英語教師は他の科目に比べて負担が多いと思いますか？
(1)　負担が多い
(2)　他と変わらない

(3) 人生そのものが負担である

これには二人揃って(1)を選んだ。

P「教員室を覗《のぞ》くと、英語科の先生はいつも勉強していますね。自分が気にしているせいかもしれませんが、英語教師は他の教科の教師に比べて、負担が多いのではないでしょうか」

もちろん、他の教科の教員からすれば、また別の意見もあるだろう。だが少なくとも、英語を担当する教師自身が負担を感じていることは、確かなようだ。ちなみに、(3)を選ぶようになったら神経が参っている証拠だから、すぐに対処したほうがいい。

勉強はすべきだが、無理は禁物。できる範囲内で、時間がないことを前提に、やるしかないということで、留学は考えない。

だって、そんな時間はないのである。海外に長期で滞在する予定はないということで、勉強方法を考えたい。

それどころか、英語教師、とくに中学や高校の英語教師にとっては、むしろ留学しないことがときにはメリットになるかもしれない。

P「逆じゃないんですか」

逆じゃないよ。日本で英語を教えるのだったら、大切なのは日本でどのように勉強してきたかということ。留学で学んだことは、知識や経験としてはすばらしいかもしれないけれど、それを日本の教室で当てはめることは難しいのではないかな。

C「確かに、留学先で学んだメソッドをそのまま当てはめても、うまくいきそうにありませんね」

それは容易に想像がつく。

また生徒に「あの先生は留学していたんだから、英語ができて当然だよ」という言い訳を与えるのはよくない。そうなると、生徒は英語ができないのを留学していないせいにして、勉強しなくなる。先生だって、自分たちと似たような環境で英語を身につけたんだというほうが、説得力があるのではないか。反対にすでに留学した教師、あるいは幼少時を海外で過ごした経験を持つ教師は、それだけで英語が身についたわけではないことを、積極的に伝えなければならないわけで、それはそれでタイヘンなはずだ。

C「でも、中学や高校の英語教員に対して、留学を含めた研修を課すような話もありますが」

それはね、そういうことを決める人たちが、外国語教育についてシロウトだからだよ。でもまあ、それはそれとして、チャンスがあったらうまく活用しよう。現地で研修できるんだったら、行かなきゃ損だ。現地での体験が貴重なことには違いない。だけど、ここではそういうのではない勉強法を考えたいわけ。

そうそう、留学経験のないことについて、ちょっと確認しておこうか。

Q13「先生はどうして留学しなかったのですか」という生徒からの質問に、どのように答えますか？

(1) チャンスがなかっただけで、本当はすごく行きたかった
(2) 英語教師に留学が絶対必要だとは考えなかった
(3) 当時の日本は鎖国していた

二人とも迷うことなく(2)を選ぶ。うんうん、わかってるじゃない。

何をやっても勉強になる

留学しないで英語を勉強するなんて絶望的だ。

そんなふうに考える人は、現状が何も見えていない。英語なんて、学ぶチャンスがいくらでもある。

といっても、英会話教室がいっぱいあるとか、ネイティブがたくさんいるとか、そういうことではない。そうじゃなくて、身の周りには英語で書かれた本とか、新聞雑誌とか、DVDとかが溢れているということ。

P「まあ、それはそうなんですけど……」

これは誰もが気づいているし、さんざん指摘されてもきた。だが、わたしの感覚からすると、英語は本当に恵まれている。

その証拠に、他の言語をチェックしてみるといい。英語以外は見つけることさえ難しい。中国語や韓国語は、それでも以前に比べればだいぶ増えてきたけど、その他はずっと少なくなる。わたしのように、ロシア語なんていう日本では「マイナー」な言語を追いかけていると、学ぶチャンスは探すだけでタイヘンなのだ。さらにチェコ語やリトアニア語になると、もっと苦労する。それでも、なんとかなるんだけどね。

どうして「なんとかなるか」といえば、そういうときの方法はセンスだからである。タイヘンはタイヘンだけど、不可能じゃない。不可能に見えることを可能にするのは、この場合センスに他ならない。

さて、英語は巷《ちまた》に溢れているけど、それだけではできるようにならない。それは現代の日本社会を見ればわかる。いくら身近でも、勉強しなければ上達するわけがないのだ。では溢れかえる英語情報をどのように活用するか。

それもまたセンスなのである。

ということで、みなさんセンスを磨いてください。

P「えっ、それで終わりですか？」

そうしたいんだけど、それじゃ困るでしょ。だからなにかヒントになりそうなことを、自分の経験から考えてみよう。それにしても、センスなんて大見得《おおみえ》切っちゃったあとで、自分の方法を紹介するのって、なんだか恥ずかしい。

C「まあまあ、そうおっしゃらずに」

わたしが実践してきた方法は、何も特別なことじゃない。本を読んだり、映画を観たり、そういう誰でもできることをやってきたのに過ぎない。その代わり着実に上達する。これは間違いない。

何よりも、この方法は失敗のないところがいい。たとえつまんない本を読んでも、くだらない映画を観ても、英語学習という観点から考えると、必ずプラスである。さらに、漫画を読もうが、娯楽映画を観ようが、それが英語である限りは、勉強であると主張できるのだ。すばらしいではないか。そういう意味でいえば、わたしなんて「勉強」ばかりしている。

ただし、続かなければ終わりである。だから、止《や》めないように気をつけながら、センスを磨くためのヒントを考えることにしよう。

書店の巡り方

まずは本である。

本は知識の源泉。バカにしてはいけない。

「書を捨てよ、町へ出よう」という表現もあるが、それは本ばかり読んでいる人にいうこと。一般的な英語教師は、日々多忙なので、本を読み過ぎるほどの時間がない。したがって、こんな表現は当てはまらず、意識的に読書をする必要がある。

本を求めて、まずは書店へ行く。図書館は、入手不可能な本を探しに行く所と考える。その前に、現在手に入る本をチェックする。

チェック対象は、もちろん英語に関する本だ。

書店はなるべく大きな所を目指す。大きければいいというわけではないのだが、現在どのようなものが出版されているかを把握するためには、まずは在庫の多い書店から探索を始める。大型書店では、英語関係の本がいくつかのコーナーに分かれて置いてある。そのすべてをチェックする。

まず語学書コーナー。一般向けの英語学習書が、それこそ星の数ほどある。わたしもなるべくチェックするようにしているのだが、なかなか全部は把握しきれない。中にはずいぶん杜撰《ずさん》な語学書もあって、見ているうちに不愉快になってしまう。まあ、裾野《すその》の広い分野というのは、玉石混淆《ぎょくせきこんこう》なものなんだけどね。

これとちょっと違うのが言語学書コーナー。ここには理論言語学などと並んで、英語学に関する文献もある。実用向きではないが、英語を扱う本には違いない。

それから中高生向けの学習参考書コーナー。英語関係は、他の科目に比べて多いように思えるのは気のせいか。ここには高校・大学受験という、わかりやすい「利益追究型語学書」が並ぶ。だからといって、悪いものばかりではない。また、一般向けの語学書コーナーと共通する書籍も少なくない。いまや、受験生と社会人の垣根が低くなっているのか。あるいは、社会人になっても学習参考書から抜け出せないのだろうか。

この学習参考書コーナーに近いのが、資格試験関連書コーナー。公務員試験や、教員採用試験などの過去問題集にも、英語がある。実はわたし自身、そういう分野のことを今まで考えたこともなかったのだが、Pくんの教員採用試験に関連して、はじめて知るようになった。中を覗いてみれば、大学入試とほとんど同じような出題形式。なるほど、これじゃ学習参考書から抜け出せないわけだ。

重要なのはもちろん洋書コーナー。ここには小説や辞書と並んで、語学書もたくさん並ぶ。TOEICやTOEFLの参考書もあれば、幼児英語のテキストもある。最近はアメリカの高校生向け参考書も多く、英語で書かれた数学や歴史の教科書をよく見かけるようになった。どうやらアメリカ人と同じ教養を身につけたい人が増えているらしい。

洋書の中では、旅行ガイドブックコーナーも見逃せない。会話集などもあるが、他にもアメリカやイギリスで出版された海外旅行案内書が、日本で出版されたものと並んで置かれていることが多い。『地球の歩き方』シリーズでさえ扱っていない地域まであり、情報としても便利である。

このようにさまざまなコーナーを、あちこち歩いて、気に入った本を五～十冊ほど買ってみる。まずはこのあたりからはじめよう。

買い求めるときの基準は自分で決めておく。本の選び方には、それぞれの人生が反映する。すぐに効果が上がることを期待する人はハウツー本が好きだし、検定試験などで自分の位置を確かめたがる人は問題集を求める。それはお好きなように。

P「それだけですか?」

ただし、洋書は複数冊を選ぶこと。その中には小説を必ず含める。

あとはセンスである。無難な名作なら失敗は少ないし、一方で自分の感性を頼りにおもしろそうなものを選ぶのもいい。もちろん、英語で書かれたからといって、すべてが優れているわけではない。だが、たとえつまらない本を読んでも、失敗ではないことは、すでに述べたとおりだ。

C「もう少し具体的にお願いします」

たとえば気に入った映画の原作や、邦訳ですでにストーリーを知っているものは読みやすい。そのあたりから始めるとうまくいく。

P「なにか具体的な本を紹介してくださいよ」

あのさ、それじゃダメなわけ。わたしがおもしろいと思う本が、Pくんにもおもしろいとは限らない。それに、それじゃセンスを磨くことにならないよ。

P「そこをなんとか」

それじゃね、これはわたしの好みだから保証の限りではないけれど、大好きな小説を一冊教えてあげよう。

Blume, Judy: *Tales of a Fourth Grade Nothing* (The Berkley Publishing Group)

これは涙を流して笑ったね。わたしにとっては笑いが人生のテーマだから、これはすごく評価している。全五冊シリーズなんだけど、それこそあっという間に読んじゃって、さらにフランス語訳まで読んだ。このように、わたしは気に入った作品を徹底的に追求してしまう傾向がある。

あとは、本当に自分で選んでください。

そうそう、教育学書コーナーにも英語教師用の参考書がある。これも最近まで知らなかった。何冊かパラパラと捲《めく》ってみたのだが、「授業でウケる英語教授法」のような、なんとも安易なものが多くて驚いた。

これは買わなくてよい。いや、買ったら「負け」だ。

朝は英字新聞から始める

日々忙しい英語教師は、こま切れの時間を上手に使わなければならない。シュリーマンの『古代への情熱』みたいなパワーが必要である。読んだことなければ、別にいいけど。ぜひ実行してほしいのが、英字新聞の購読である。日本で発行されているもので充分。いろいろあるが、どれでもいい。大切なのは読むことだ。

インターネットで代用してはいけない。それは、すでに新聞を購読する習慣がある人にのみ有効である。慣れていないと、サイトを開いたり、プリントアウトしたりするのが億劫《おっくう》になって、そのうち読まなくなってしまう。

新聞は毎日必ず開くことを心がける。だから日刊紙でなければならない。朝、ポストに入っていることが大切なのだ。

隅々まで詳細に読み込むのではない。はじめから意気込みすぎると失敗する。まずは開くだけでよしとしよう。紙面に空気を通す感じ。気をつけないと、それすら面倒になってくる。

一面はたとえ興味のある話題がなくても、必ず眺める。見出しだけでいい。日本で出た英字新聞だから、日本に関するニュース、つまりすでに日本語で聞いたニュースが載っている。おかげで内容の把握は比較的楽なはず。

見出しを眺めているだけでも、時事用語に触れることができる。気が向いたら、辞書を引いて確かめる。ただし、一日二語までなど、制限を設けておくといいかもしれない。辞書を引くことばかりに熱心になったら、それだけで終わってしまうからだ。一日や二日なら山ほど調べてもいいが、長く講読を続けようというのだったら、そんなやり方は無理である。

もちろん一面の見出しだけではダメで、必ず開くこと。ざっと目を通すだけでいい。写真を見て、おもしろそうだったらキャプションを眺め、さらに興味を引けばヘッドラインを読むのもいい。長い記事の場合、途中で止めるのも可。ジャーナリズムの英語は、初めに重要事項が記述され、後に進むほど付加情報になることが、徹底されている。初めがわかれば、それでよし。やさしい記事を選べばいいのだが、ここで注意。漫画はやさしくない。読んでみればわかる。

お勧めはテレビ欄。番組紹介を読むだけで、日本が見えてくることもある。

投書欄もおもしろい。文体としても勉強になる。ただし、それが英語話者の平均的意見と考えてはいけない。新聞に投書するヤツなど、少しズレていると思ってちょうどいい。

新聞のよいところは、持ち運びに便利で、またちょっとした時間ができたときに気軽に読めること。切り抜いて持ち歩いてもいい。間違っても、保存しようなどと考えてはいけない。読み終わったら捨てる。それが新聞というものだ。どうしても有効活用したければ、畳の下に敷く。……さすがに古いか。

英字新聞の購読は、二人ともすでに実行している。

C「でもこの前Pくんの部屋に行ったら、机の上に開いていない英字新聞が積んであったんです」

P「だから、あの頃は忙しかったんだって」

C「で、『読まなきゃダメじゃん』っていったら、Pくんは数日前の新聞から読み出すんですよ！」

おやおや。

もし数日分の新聞を溜めてしまったら、今日付けのものから遡《さかのぼ》って読むこと。それ以前に起こった事件などについては理解が難しくなってしまうが、そのためにも前の新聞を読もうという気になればいい。

ＤＶＤは最高の教材だが……

Ｃくんとわたしは性格的に似ているらしく、映画の趣味も共通している。会うときにはお互いＤＶＤを貸し借りして、観た後はメールで感想などを伝え合っている。センスが近いのか。といっても、なにも高尚な文芸作品を好んでいるわけではない。

二人の共通の趣味はスティーブン・キング。『ＩＴ』『シャイニング』『悪魔の嵐』『ランゴリアーズ』『シークレット・ウインドウ』『ザ・スタンド』『トミーノッカーズ』『ミスト』……。キングの作品にはアメリカが詰まっているし、中には「アメリカ百科事典」といっていいのではと、思わせるものさえある。もちろん、観るときは英語に決まっており、日本語吹替えはありえない。英語で観るからこそ、その中に出てきた表現で盛り上がったりする。

たとえば『悪魔の嵐』に出てくる童謡 I'm a little teapot。

I'm a little teapot, short and stout
Here is my handle and here is my spout

こんな他愛のない歌が、不気味なストーリー全体のBGMとなっている。マザー・グースにこそ含まれないものの、アメリカの幼稚園児にとっては有名な歌であるらしいことを、二人で確認した。

DVDの優れているところは、字幕が選べることである。日本で販売されているものでも、日本語字幕のほかに英語字幕も選択可能なものが少なくない。気に入った作品は繰り返し観て、そのとき一回目は日本語字幕付き、二回目は英語字幕付き、三回目には字幕なしというようなこともできる。これだけ観れば、多少値段が高くても元が取れる。

気に入った映画を観ているだけで勉強になる。こういうときに、外国語の教師であることが嬉しくなる。本や新聞よりもずっと親しみやすいから、生徒に薦めても悪くない。

ただし、授業で映像教材を使うときには注意が必要だ。

映画を見せればいいってものではない。生徒がそれだけで喜んでくれると思ったら、大間違い。いまどき、テレビは見放題、DVDだっていくらでも手に入る。生徒は映像なんか飽き飽きしているのである。よっぽど気に入った映画でもなければ、突っ伏して寝るだけ。教師の力量が問われる。

それから、これはわたしの経験からなのだが、いかにも教材という感じの映像は逆に悪くない場合もある。まず、生徒がすでに観ている可能性が低い。また、これは授業だからしょうがないんだと、諦《あきら》めてもらいやすい。映像教材におもしろさを期待されると、必ず失望される。期待しないで、「ツッコミ」を入れるのである。

あらゆるものは、映像に収めた段階で、人工的になる。これは鉄則。現地の状況が実によく表されていますね、なんて解説しても、シラケるだけ。それよりも、妙な映像を見て、みんなで「なんだこりゃ」とツッコミを入れているほうが、だんぜんおもしろいのである。

いま思い出しても、ロシア語を勉強していた頃、社会主義的な市民生活を大まじめに紹介している映像ほど笑えた。しかも、そのほうが勉強になる。大切なのは押し付けではない笑い。だいたい教材なんて、あれこれ文句をいうためにあるのだ。聖なる書物を与えてしまっては、みんな息苦しくなるだけ。

それはさておき、Ｐくんの好みはわたしたちとちょっと違う。

Ｐ「好きな映画は『きみに読む物語』です」

どうやら純愛感動ものがいいようだ。Ｃくんとわたしが二人で盛り上がるのを見て、Ｐくんもキング作品をいくつか観たのだが……。人の好みはさまざまである。一人で勉強のために観るのだったら、自分で気に入ったものをどうぞ。

P「あの、キングみたいなホラーやミステリー以外で、お薦めの映画はありませんか」

そうねえ。基本的にはマイナーな映画が好きなんだけど、そうではなく一般的で、しかも英語の勉強にもなるといったら、スピルバーグの *Back to the Future* かな。

この映画、ものすごく有名なわりには、マイナー好みのわたしも珍しく気に入っていて、何度も繰り返して観ている（ただしパート1だけ）。英語の表現もおもしろい。一九八五年制作だけど、あまり古い感じがしない。さらに、これは個人的な見解なのだが、一九九〇年代以降のアメリカ映画は、英語のスピードが非常に速くなり、聴き取るのが難しくなる。マット・デイモンの英語なんて、洒落《しゃれ》ていてカッコいいんだけどハードルが高い。その点マイケル・J・フォックスのほうが、聴き取りやすい気がする。彼の出演する作品では、テレビドラマ『ファミリータイズ』もいい。そもそも若い頃のわたしは、マイケル・J・フォックスに似ているといわれ……。

C「……」

P「……」

カラオケでは英語曲以外禁止

飲んだり食べたりしながら、英語についてお喋《しゃべ》りをしているわたしたちだが、それだけではない。たとえばカラオケに行ったりもする。日本が世界に広めたこの大発明を毛嫌いするインテリは少なくないが、わたしは別にそういうこともない。インテリでないからかもしれない。

現代の大学生にとって、カラオケは当然の文化。わたしの教え子たちも、みんな楽しそうに歌っている。CくんやPくんも例外ではない。

ただし、わたしと行くときには規則がある。

「英語の歌以外禁止」

日本語の歌を歌いたければ、他の仲間とどうぞ。わたしと行くからには、どんなときも英語教師であることを忘れてはならず、それはカラオケでも例外ではない。

もちろん、CくんもPくんも困らない。そうこなくっちゃ。

英語教師なら、やはり英語の歌をたくさん知っていてほしい。授業中に使うかどうかはともかく、「教養」として押さえてほしいのである。それに、日本のカラオケには英語の歌がすごくたくさんある。英語の綴りにカナを振るのは余計なお世話なのだが、選べる範囲が広いのはありがたい。これがロシア語だったらほとんどなく、かつてわたしにロシア語を習った教え子たちは、世界的に有名な曲のロシア語カバー・バージョンを覚えて歌うなど、みんな苦労していた。

基本はビートルズである。みんな何曲も知っている。たとえばPくんが一回目にビートルズを歌う。次の順番が回ってきても、やっぱりビートルズ。

C「先生、Pくんはずっとビートルズで続けるようです」

あっ、そう。だったら応戦しようではないか。そこでCくんもビートルズを歌う。わたしもビートルズを歌う。再びPくんの順番になって、それでもやっぱりビートルズ……。こういうのがしばらく続く。知っている歌がなくなり、途中で他の歌にしたらゲームオーバー。多くの場合、Pくんが脱落する。

C「彼はビートルズの『赤盤』しか知らないんですよ。やっぱり、『青盤』もチェックしなきゃね」

Cくんにせよ、わたしにせよ、とくにビートルズの熱心なファンというわけではない。ただ、英語に触れる努力をしていると、なんとなく覚えてしまうのではないだろうか。

もちろん、ビートルズに限らない。Pくんはサイモン&ガーファンクルが好きだ。Cくんは何だろう、なんでもよく知っていて、そうそう、オールディーズなんかもけっこう詳しい。それならば、ということで、*Oldies Collection Best 80 Songs* というＣＤをプレゼント。テレビ通販などでも宣伝しているが、ＣＤショップではこの手のものはいくらでも安く売っている。こういうものを渡すと、Ｃくんはどんどん覚える。

オールディーズは英語教師にとって悪くない。英語は標準的だし、それほどシャウトしないし、中には律儀《りちぎ》に韻《いん》を踏んでいるものもある。韻に支えられていると、聴くときだけでなく、口ずさむときにもリズムがよく、暗記しやすい。

Ｃ「先生はカーペンターズが好きですよね」

そう。カレン・カーペンターは英語の発音が明瞭で、かつては授業でもよく使っていた。とくに *Top of the World* は、英語教師になってはじめて使った教材の最初にあった曲なもので、懐かしいというか、わたしにとっては英語教師時代を象徴する歌なのである。

Ｐ「他にもモンキーズとか、ピーター・ポール＆マリーとか……」

人のカラオケ・レパートリーを列挙するのはやめるように。

とにかく、わたしとカラオケに行って英語の歌だけ歌うんだったら、支払いはすべてこっちが持つ。だから頑張ってほしい。

でも、本当だったら、と思う。

本当だったら、詩に親しむべきなのだ。イギリスやアメリカの有名な詩を、正しく解釈して暗唱していけば、英語の力は飛躍的に伸びる。英文学を専門とする友人が、かつてそんな話をしていたのが、印象的だった。英米言語文化圏では、韻文が非常に大切なのである。ただし勝手に読んではダメで、文学にも語学にも通じている優れた専門家に教わらなければならない。これは現状では難しい。それに外国の詩や文学に親しめる人は、やはり限られている。そこでその代わりに、マザー・グースに加えてビートルズにも親しんでいるのである。英語教師にとって、カラオケは遊び以上のものがある。

音読は英語教師の基本

歌に限らない。英語教師はときに声に出して、英語を確認する必要があるのではないか。

Q14　英文を音読していますか？
(1)　なるべくするように努力している
(2)　ほとんどしていない

(3) マンション住まいなので近隣に気兼ねして声が出せない

Cくんは(1)である。実は彼が音読の練習を日々していることは、以前から聞いていた。

C「音読なしで英語を勉強することは考えられません」

こういって、彼はその理由をいくつか挙げてくれた。それにコメントを加えてみよう。

❶ 目で追うだけよりも頭に入る

自ら音を発し、それを自分の耳で捉え直すことが、記憶の定着を促《うなが》す。また正しく発音し分けている二つの単語は、区別して記憶できるけど、いい加減だと混同してしまう。正直なものだ。とはいえ、最近の怪しげな脳科学は、未確認のことにまで勝手な解釈を加えているようで、信じられないけど。

❷ いざ英語を使うことになったときの準備

英語を話す必要性は、いつ訪れるかわからない。ふだんから準備を怠らないというわけだ。そうでなくても、英語教師は授業中に必ず発音しなければならないはずで、そのとき発音が悪いようでは、どうにもカッコ悪い。ふだんからよい発音を心がけたい。

❸ 文の構造が理解できているか確認できる

これは生徒に読ませてみれば、一目瞭然である。理解できていないまま音読している生徒は、とんでもないところで文を切る。whatが疑問詞なのか、それとも関係詞なのか、イントネーションで解釈がわかるのだ。日本語だってそうではないか。「キョウハアメガフルテンキデハナイ」だって、「キョウハアメガフル」で切れば意味が違ってくる。

❹ 声を出すことが単純に楽しい

声を出すことは快感でもあるのだ。最近流行りの「声に出して読みたい～」というような、自己顕示欲の強いのは嫌いだが、音読することの楽しみはわたし自身も共感する。

そういえば、かつてわたしの授業を受けていたときのCくんは、発音がクラスの誰よりもうまくて、しかも楽しそうだったことを改めて思い出した。

それで、Pくんはといえば、やっぱり(1)を選んだ。

P「昔から発音が上手くないので、これまでは音読に消極的でした。ところが、英語教師になって、率先して発音しなければならない立場になってしまったので、これをきっかけに、教科書をはじめ、英文を声に出して読むように心がけています」

それはとてもいいことだよ。まずは授業の予習でいいから、少しずつでも練習していってほしい。なにかアドバイスがほしければ、いつでも相談に乗るからさ。

早口言葉で舌慣らし

音読は英語学習の一環であるから、いろんな英文に触れたほうがいい。とはいえ、どんな英文を読んだって勉強になるのが、音読のいいところ。いや、言語を追求する者にとっては、あらゆるものが勉強の対象になることは、前にも触れたとおりだ。

ただ、せっかく声に出すのだから、何かおもしろい、リズムのいい英語を音読したい。

C「そういう意味でも、マザー・グースは好きですね」

ここでマザー・グースから、音読のためのお薦めをひとつ。

One, two,

Buckle my shoe;
Three, four,
Knock at the door;
Five, six,
Pick up sticks;
Seven, eight,
Lay them straight;
Nine, ten,
A big fat hen.

あるときＰくんはこれの暗記に挑戦したのだが、なかなか覚えられない。

Ｃ「あのさ、これは歌なんだから、韻を踏んでいるんだよ。twoとshoe、fourとdoorといったように、語尾の音を確認しながら覚えるといいよ」

このアドバイスは効果てきめんだった。韻を踏んでいる場合には、声に出したほうがなんといっても覚えやすい。Ｐくんも、アルコールを飲みながらという悪条件にもかかわらず、徐々に滑《なめ》らかに諳《そら》んじられるようになる。おそらくこの歌は、彼の十八番になっているはずだ。

音でおもしろいのは、なんといっても早口言葉である。

かつて大学で「英語コミュニケーション」という授業を担当していたとき、*Hit Parade Listening*（熊井信弘著・マクミラン ランゲージハウス）という教科書を使った。音の融合などを集中的に練習し、そのあとでロックやポップスを聴いて確認するという楽しい教材だ。

その毎回のレッスンには早口言葉、つまりTongue Twisterが紹介されている。ただ、わたしはそれを授業で扱わないことにしていた。こういうものは、強制的に練習するものではないと考えたからである。とはいえ、教材付属の音声テープでは、このTongue Twisterも順番通りに再生される。わざわざ飛ばすこともないので、ただ聞かせていた。

そこにはこんなTongue Twisterがあった。

I ate eight eggs at eight.
I would if I could, and if I couldn't, how could I?
The two-twenty-two train tore through the tunnel.
How much wood would you chuck if you could chuck wood?

I see a sea down by the seashore. But which sea do you see down by the seashore?

テープの音声は、まずはゆっくり三回発音し、次の三回は速めに読む。ふつうだったら学生は黙って聴いているはずだ。ところがクラスのあちこちで、このTongue Twisterをテープの後について、勝手に発音する声が聞こえてきたのである！　なんだよ、ふだんは当てたってなかなか声を出さないというのに。もちろん、ときどきクスクス笑う声も混じる。いや、それでいいんだ。Tongue Twisterというのは、笑ってしまうくらい楽しいものなんだから。

おもしろいのは、このテープの声が、ときどき言い間違えてみせること。さらに小さな声でYuck!（日本語でいうと「ゲッ！」というような、不快感を表すことば）とかいっている。これが楽しい。いくらお手本だからとはいえ、早口言葉はあんまりスラスラ発音されたら、やっぱりつまらない。これはそういう心理までうまく捉えた教材なのである。

それにしても、教師が指名してもなかなか声を出さない学生が、何もいわれないのに音読するなんて、やっぱり声を出すということは、なんともいえない快感をもたらすものなのではないか。そのためには楽しいことが絶対だ。そういう意味では、マザー・グースやTongue Twisterは教材にうってつけなのである。

マザー・グースの中にも、早口言葉がある。

Peter Piper picked a peck of pickled peppers;
A peck of pickled peppers Peter Piper picked;
If Peter Piper picked a peck of pickled peppers,
Where the peck of pickled peppers Peter Piper picked?

わたしがいちばんはじめに暗記した、大好きなマザー・グースである。見た目ほど複雑でもないから、音読して確かめてみるといい。

このPeter Piperは非常に有名な歌であり、英語に触れたことのある人なら、知らないということはありえない。これを暗唱できない人は、TOEICでどんなに高得点を稼ごうと、英語圏で長く暮らそうと、わたしは認めないな。

「教養の定番」はどこまで必要か

英語教師には、単なる英語の使い手以上のものが期待される。たとえば教養。英米文化圏の基礎となるレアリアすなわち言語外現実についても、知識としてある程度は押さえておいたほうがいい。マザー・グースもその一つだ。とはいえ膨大な知識を急に身につけることはできない。だとしたら、どこから手をつけたらよいのであろうか。

> Q15　次の中で英語教師にとってもっとも必要な知識を一つ選ぶとしたらどれでしょうか？
> (1)　シェークスピア
> (2)　聖書
> (3)　ギリシア・ローマ神話

英語文化圏では、どれも大切であるとされている。答えにくい設問なので、一つに絞って選べなければ、順位をつけてもらうことにした。

Cくんは悩んだ末に、(2)⇩(1)⇩(3)という順位をつけた。

C「個人的にはギリシア・ローマ神話が好きなのですが、英米の文化や習慣を知るには聖書の知識が欠かせません」

英米に限らず、世界に広く分布するキリスト教文化圏では、聖書を知らなければ、文学も美術も音楽も、何も理解できない。ひと通りは押さえておきたい。

C「シェークスピアは生徒にとってはともかく、英語教師にとっては教養として大切です。漱石の『坊っちゃん』を読んだことのない日本語教師がいたら残念に思うのと同じです」

一方Pくんは「すみません、どれも選べません。これから勉強します」

確かに難しい設問だ。シェークスピア、聖書、ギリシア・ローマ神話は、どれも昔から英語を知る上で欠かすことのできない教養とされている。その中でどれがもっとも重要なのか、順位をつけようという発想自体が間違いなのかもしれない。どれも大切に決まっている。

本来、このような教養は、大学時代に修めておくべきものとされている。だが教養とは、四年やそこらで身につくものではない。それに加えて、今どきの大学では、検定試験対策のような本来は個人で勉強すべきものを教える反面、従来のような教養に割く時間が減っているのが現状である。どうやら、自主的に勉強しなければ、触れることすら難しくなっているようで、本人の努力が必要となる。

ただし、このような「教養の定番」には、問題が二つある。

まず、イギリスやアメリカの教養ばかりを追い求めていいのか。

公教育で英語教育が導入されているのは、英語が世界で広く使える言語だからである。英米だけの文化に追従《ついじゅう》するのではなく、国際コミュニケーションのために世界の人々と交流していくための手段であることが、現代の英語の果たすべき役割ではないか。特定の文化に偏《かたよ》るのは望ましいことではなく、異文化理解という視点から、新しい英語教育が模索されているのが現状である。

そうなると、英語教師にとって英米文化の定番は不要ということになる。

確かにキリスト教文化だけを取り上げるのは不公平である。イスラム教や仏教についても勉強すべきだ。シェークスピア以外にも世界にはいろんな作家がいるし、神話だってギリシア・ローマに限らない。

だが、そうやって、ローカルな特徴を薄めていくとどうなるか?

実につまらないものが残る。

国際コミュニケーションとか、異文化理解とか、わたしにとっては実につまらない。社会学者の論文と新聞の切り抜きとを貼り交ぜたような最近の教材は、その著者も含めてまったく魅力がないのだ。

昔、ある宗教家がいっていたことを思い出す。

「日本人は宗教的に無色であろうとします。それよりも、それぞれが自分の色を持つ『多色』を認めてはどうでしょうか」

中和してしまったコミュニケーションなんて退屈だ。それよりもいろんな知識を貪欲《どんよく》に吸収するほうが、ずっと楽しいはず。聖書だけで偏ると感じたら、コーランでも仏典でも読めばいい。いろんなものを読んだ方がいいのだが、その中でもシェークスピア、聖書、ギリシア・ローマ神話は、英語文化と直接結びついている。だからここから始めるのは妥当といえる。だいたい、英語から英米文化を排除するなんて、所詮は無理な相談だ。これは頭に入れておいたほうがいい。

加えて、英語だけで世界を把握しようなどと考えることは、驕《おご》りである。英語文化圏もまたローカルであることを認識する必要がある。

さて、二つ目の問題点は……

P「あの、このような教養は、すべて英語で読まなければいけないんですか？」

そう、まさにそれ。

まあ、まずは日本語でいいよ。英語で読むのは後からでも遅くない。英語で読めば、固有名詞や表現にそのまま接することができるから、いずれは読んでほしいけど。

それから親しみやすい方法としては、DVDから入るという手もある。

C「ぼくは『十戒』が大好きなんですよね」

ああ、あれもいいね、長いけど。それから『天地創造』は主なエピソードがひと通り収められているから、入門にはちょうどいい。アメリカ映画だから、英語にも触れることができるし。

とにかく、原典にこだわることはない。シェークスピアの英語は中世英語だし、聖書やギリシア・ローマ神話は、そもそもオリジナルが英語じゃない。

せめて一日だけでもヒマな日を

忙しい英語教師のための勉強法を、あれこれ考えてきた。

ちょっとした工夫を紹介したつもりなのだが、それでも実行するとなると、なかなかタイヘンなことが予想される。

本来、時間のない人に語学は無理である。語学というのは、ヒマの集大成みたいなもので、湯水のように有り余る時間から結晶のような輝きがほんの少しだけ生まれる。方法はいろいろあっても、この時間だけはほとんど短縮できないし、短期間で身につけた語学は絶対的に薄っぺらい。

だから、なんとかヒマを作らなければならない。

ところが、英語教師は授業以外のことでますます忙しくなっているのが現実であった。Cくんは授業の他に、最近は問題を起こした「やんちゃな」生徒の面倒を見る日々が続いている。Pくんはいつでも部活が本当にタイヘンで、週末は試合か練習が必ずあり、おちおち飲んでもいられない。

それでも、ヒマを作ってほしい。

月に一日だけでもいいから、ヒマを持て余すような日を送る。まずはこれを実行するところからはじめよう。本やDVDだったら、いくらでも貸してあげる。相談なら何でも乗る。情報がほしければ、代わりに調べてもいい。だから、時間を確保してほしいのだ。これはどうしても必要なことの一つである。

英語教師は、そこから何かに気づくのではないだろうか。

コラム
Ｐくんの教員採用試験奮闘物語

二〇〇九年の春に晴れて私立高校の専任教員になったＰくんだが、それまでには二年間の「浪人」生活があり、非常勤講師をしながら、公立学校の採用試験に向けて勉強していた。

「浪人」二年目のとき、わたしはＰくんをときどき仕事場に呼んだ。木曜日の午後、二人でコーヒーを飲みながら、試験の過去問をチェックしたり、日本語の小論文の書き方について考えたりしたのである。

彼が持ってくる資料その他を通して、わたしは教員採用試験がどのようなものかをはじめて知った。英語の試験では、形式が大学入試とほとんど変わらず、読む分量がいくらか多いくらいの違いしかない。Ｃくんは採用試験に備えて、大学入試問題や英検の問題集を解いたといっていたが、確かにそれと近い気がする。英語の試験というものは、それほどバリエーションがないものなのか。

二次試験は面接が主なのだが、一部の科目については実技がある。音楽、体育、美術などの実技ならわかるが、英語についても数年前から実技が課されるようになったそうだ。実技といっても、模擬授業やネイティブとの面接つまり英会話であり、英語に対する世間の価値観が、反映されている気がする。

仕事場で話を聞いていると、いろんなことがわかってきた。どうやらＰくんは、周りから心配されるタイプらしい。非常勤先の学校の専任教員たちは、彼を見ていると世話を焼きたくなるのか、試験勉強についていろいろとアドバイスしてくれる。素直な

Pくんは、それを片端から実行しているとのこと。

だが、周りからのアドバイスがすべて有益とは限らない。

たとえばある先生は「ロジカル・リーディング」を勧めてくれた。大量の長文を読みこなすには、論理で押し進めていく必要があると説くこの方法は、最近注目の英語学習法である。わたしはこの分野についてまったく無知だったので、Pくんから本を借りて、ひと通り読んでみた。

そこからわかったこと。「ロジカル・リーディング」は頭がいい人向けの勉強法である。そして悪いけど、Pくんには向いていないのではないか。いや、彼だけでなく、わたしにも向いていなかった。読んでいて、ちっとも楽しくなかったのである。

P　ぼくも楽しくはないですし、実はよく理解できません。

だったらさ、他のやり方にすればどうだろうか。君が英語を好きになったのは、小さな知識が積み重ねられて、少しずつ理解できるようになったからだったよね。結局、それが君のやり方なんだからさ。

周囲に加えて、わたしまでが細々《こまごま》とアドバイスをはじめたら、Pくんはさらに混乱するだろうから、日本語の小論文に少々コメントするくらいにして、あとは彼の心をリラックスさせることに専念した。必要なのは心のケア？

あるときPくんは、毎日あるメールを受け取っていることを話してくれた。

P　登録すれば無料で配信してくれるんです。落ち込んでいるときにやる気が出るような、心に染みることばなんですけど、そういうのを読んでいると、元気が出るかなと思って。

それって、英語と関係あるの？

Ｐ　いや、とくにないです。

……よし、わかった。それじゃ、それよりずっといい「心に染みることば」を、わたしが配信してあげよう。どっちがいいかは、君が判断してくれ。

ということで、数日間だがＰくんに毎日「黒田先生の心に染みることば」を送りつけた。結局、わたしもお節介である。

第一日目【知らない単語はなくならない】

だったら、どうする？

Ｐ　このことばは効きます。それでも覚えなければ。

第二日目【終わりのない長文問題はない】

長いといっても、無限じゃないでしょ？

Ｐ　そうですよね。必ず終わるんですよね。これからは『長』を取って、『文問題』と考えることにします。

第三日目【文章問題は部分である】

出題されるのは、本当はもっと長い話のはず。では、だれが削るのか。出題者ですよね。どうして削るのか。長すぎると困るから。では原作者は削られることを前提に書いているでしょうか。もちろんノー。では、著者の考えとは、果たして誰の考えでしょうか。

Ｐ　う〜ん、文章を書いているのは著者ですけど、試験では出題者が問いたい部分が出題されるわけですよね……。

結局、Ｐくんは私立の専任教員になれたものの、勉強の足りないことは常に自覚している。そこでこれからも、わたしやＣくんといっしょに勉強していくことにした。これは却《かえ》っていいことかも。●

4

プロ教師のための英語

プロの道

教師はプロである。

かつて「デモシカ教師」などということばもあったが、それは遠い過去の話。いまでは教員採用試験に受かるのも楽ではないと聞く。コラムでも紹介したように、Ｐくんは二年間の「浪人生活」の後、やっと専任教員になれたのだ。

それに加えて、英語教師は英語のプロである。

世間ではひょっとすると、通訳者と翻訳家だけが英語のプロだと思われているかもしれないが、それは大きな誤解だ。お金をいただいて仕事をすれば誰だってプロ。その意識がないとしたら、謙虚なのではなくて、自覚が足りないのである。大切なのはプライド。英語教師も、プロとしてのプライドを忘れてはいけない。

かつてわたしは著書の中で、語学のプロであるための条件を挙げてみたことがある。

Ｃ「ああ、あの本ですね」

P「どの本ですか?」

ええと、まあ、その、なんでもいいじゃない。

どうも自分の過去の著作に触れるのが苦手だ。ときどき、自分の過去の論文を偉そうに引用する「学者」もいるが、あの神経がわからない。わたしなんか、恥ずかしくて絶対にダメだよ。

とにかく、そのときには次のような条件を考えた。

・お金をかける
・辞書を揃える
・本に関する知識を持つ
・時間をかける
・静かに勉強する
・締め切りを設定する
・整理整頓をする
・日本について知る
・日本語に敏感になる

これは英語に限らず、あらゆる言語のあらゆるプロを念頭に置いている。当然ながら、教師にもこの条件が当てはまるつもりで挙げたわけだ。詳しく知りたい方は、この本を探し当てて読んでいただくとして、この章では英語教師に限定して、特に必要な条件を考えてみたい。

この章は前の章と比べて、その性格が全く違う。前の章で紹介した内容は、英語学習者が広く応用できる勉強法が含まれていた。だがこの章で取り上げることは、一般の英語学習者にはほとんど縁のない話である。だから教師でない方は、他人事だと思って、気楽に読んでいただきたい。プロがプロであるためには、教養だってふつう以上のハイレベルなものが要求されて、いろいろタイヘンなんだということだけでもイメージしていただければ、それで充分である。

ただし、プロが偉くて、一般学習者はレベルが低いということではない。人は目的に合った勉強をすることが大切なのである。プロになる予定もないのに、プロのような勉強をするのは滑稽《こっけい》なこと。「プロ並み」であることを誇る人がいるが、プロとして勝負していなければ、どんなに実力があろうが「シロウト」である。さらにいえば、教師になる予定もないのに教員免許を取るのも、わたしには奇妙に感じる。将来への保険のつもりかもしれないが、今の時代、資格を持っているだけで教師になれるほど甘くはない。

すべてを知っている教師はいない

プロとしての英語教師にまず必要なことは「わからないことは調べる」という態度である。すべてを知っている教師はいない。そこで、知らないことは調べる。まずは謙虚な気持ちを忘れないところから始める。

C「黒田先生にしては珍しい意見ですね」

……本当のことをいえば、教育の現場ではときにハッタリを利かせる必要もある。だが、いつでも誤魔化しているようではダメだ。手間を惜《お》しまずに調査するのはプロの基本。そのためには調査の方法を知らなければならない。そこで資料の検索が大切になってくる。

条件❶　プロとしての「道具」を揃える

道具といっても、基本的には本である。現代ではネットという便利なもので検索をする機会も多いだろうが、プロはそういうことをしない。いつ消えてしまうかわからない電子空間の情報は、引用文献としてまだ不充分。調べてもいいけれど、別の資料で必ず確認すること。

資料にはいろいろあるが、ここでは日本で出版されたものを中心に考えていく。日本の英語研究は、歴史が深く、レベルも高い。日本語で読める文献は、点数も多いが、分野も多岐にわたる。この範囲で解決がつくことも、少なくないのだ。詳しく知りたい人には、田島松二『わが国の英語学一〇〇年』（南雲堂）が参考になる。とにかく和書文献でリファレンスできる能力を身につけてから、さまざまな洋書に当たっても遅くない。

まずは辞書について。

Q16 いちばんよく使う辞書は次のうちどれですか？

(1) 英和辞典
(2) 和英辞典
(3) 英英辞典

これに対して、二人は(1)を選ぶ。

P「家では『ルミナス英和辞典』（研究社）を、学校では『レクシス英和辞典』（旺文社）を使っています」

場所によって使い分けているというのが、おもしろい。こうすれば、必ず複数の辞書に当たることになる。一冊の辞書だけで満足していてはダメだ。

C「何種類か使っています。『ジーニアス英和大辞典』（大修館書店）と『リーダーズ英和辞典』（研究社）は電子辞書に入っているので使用頻度が高いです」

なるほど、大辞典をチェックするのはふつう面倒になってしまいがちだが、電子辞書ならそういうことはないわけだ。これは電子辞書の利点だろう。

C「でも、最近になって紙の辞書のほうがいいと感じて『ウィズダム英和辞典』（三省堂）を使用しています。語法の説明が五文型にこだわっていないことや、定義が頻度順で載っていることと、さらに文字が読みやすいところがいいです」

すごい。さすがプロ。わたしよりはるかに知っている。なんだか、これ以上は話す必要がないかもしれない。

いやいや、気を取り直して、プロのための辞書についてもう少し考えよう。

まず、英和辞典をもっとも頻繁に使うことは自然である。ときどき、英英辞典を引くことのほうが高級であると勘違いしている人がいるが、そうではない。役割がまったく違う。この点についても、Cくんは自分の見解を持っている。

C「英和辞典が語の一対一の関係で終わってしまうのに対して、英英辞典は細かい違いがわかったり、百科事典的な要素があったりします」

付け加えれば、作文のときに参考となる例文を探すときにも役立つ。またやさしい単語のみを使って説明するのも、英語の辞典は実にうまいのだ。

英和、和英、英英辞典の使い方については、笠島準一『英語辞典を使いこなす』（講談社学術文庫）に詳しい。これはプロにとって必読書。

いずれにせよ、ベストを決めることはできない。あまりにも多くの辞典が出版されていて、それぞれ目的も違う。さらに人には好みもあるから、自分の使いやすいものを選べばよい。ただし、必ず複数を手もとに置くこと。

日本の英語の辞典はよく出来ているし、隅々まで行き届いている。

先日もＤＶＤで『刑事コロンボ』を観ていたら、son of a gunという表現が何度か繰り返し出てきた。口語表現なんだろうが、意味は知らない。試しにふつうの英和中辞典を引いてみると、慣用句としてちゃんと載っている。語義が四つくらい並んでいたが、この場合は「こりゃ驚いた（たまげた）」というのがぴったりだ。なるほど。

辞書を引いてうまく当てはまる対応を探すなんて、当然のことに思えるかもしれないが、言語によってはそうもいかない。現地で出版された辞書で調べなければならないこともある。もちろん、日本語の対訳などはないから、そういうときは自分で考える。相当に細かい情報まで日本語との対訳で確認できるのは、英語など一部の言語に限られる。多少、過保護な気がしないでもないが、やっぱりありがたい。

だから、辞書について文句をいってはいけないのである。

たとえば、調べたい語が載っていないという。だが、辞書にあらゆる語を収録するのは不可能だ。ないものねだりしても仕方がない。

また、和英辞典を引いても作文に役立たないという。ところが、日本語から英語への対応は無限にあり、英和辞典のような解釈とは質が違う。

文句ばかりいっていないで、辞書をもっと活用すべきだ。辞書に載っている情報だけでも、英語はずいぶん学習できる。中高生だって、英和辞典にもっと親しんでいい。

英語教師だったら中級以上の教材として、英和辞典を読んでいくという勉強法もある。少なくとも、英和辞典を根拠も薄弱なのに批判するような行為は謹《つつし》んでほしい。辞書は使う人に比べて、作る人は極端に少ない。それでも、プロだったら作る側の苦労を想像することができないだろうか。

困ったときには

中辞典は数多くが出版されているので、すべてを把握することは不可能だ。だが、大辞典となると話は別である。

プロとして書斎に置くべき英和大辞典としては、次のようなものがある。

『研究社英和大辞典』（研究社）
『ジーニアス英和大辞典』（大修館書店）

どちらかは自分の部屋に常備したい。ときどき引く必要が出てくる。困ったときには心強い。だが、大辞典は値段も高く、また大きくて重い。わたしはベッドの下に置いているが、引っ張り出すのもひと苦労だ。もっともCくんのように電子辞書にすれば、この問題は解決できる。とはいえ、値段のほうは解決できないが。

紙の辞書を使う場合には、もう少しハンディで引きやすく、しかも語彙数の多い辞典がほしくなる。そういうときに便利なのが次の辞書だ。

『リーダーズ英和辞典 第二版』（研究社）
『リーダーズ・プラス』（研究社）

この二冊はdictionaryというよりencyclopediaに近いもので、まずたいていのことは載っている。手っ取り早く意味を知りたいときに便利だ。ただし、これらは見出し語の数が多い分、例文や用法は少ないので、そのことは頭に入れておくこと。

ふだん使っている英和中辞典で必要な単語が見つからないとき、わたしはまず『リーダーズ』を引き、さらに正確にチェックしたいときには『研究社大英和』を使っている。「困ったときのリーダーズ、詳しく調べる大英和」という感じなのだ。

マニアックな辞典ほどおもしろい

大辞典はプロにとって必要不可欠なものだが、それだけですべてが解決するとは限らない。辞書にはいろいろな専門辞典があり、分野によってはそういうもので調べなければならないときがある。

「専門」といわれると、何やら厳《いか》めしい響きがあるが、恐れることはない。まずは書店や図書館に行って、どのような専門辞典があるか確認する。英語は辞書が本当に充実していて、そのタイトルをひと通りチェックするだけでもタイヘンなほどだ。ただし、ほとんどは自分で購入する必要がなく、図書館で利用すれば済む。

プロにとって大切なのは、何を調べればよいのかが、頭に浮かぶかどうかということである。文献資料の知識を持つことが、プロが単なる英語話者と大きく違う点なのだ。ついでに、図書館のどこに置いてあるかまで押さえていれば、かなりのもの。

専門辞典の中には、非常に楽しいものもある。中にはページを捲っているうちに、引き込まれて読んでしまうことすらあるのだ。そういうお気に入りの「マニアック」な辞典を、勝手に七冊選んでみた。

『固有名詞英語発音辞典』（三省堂）
すでに指摘したが、英語教師は授業中必ず音読してみせる必要があるので、その準備をしておかなければならない。ふつうは一般の英和辞典などを引けば調べがつくが、固有名詞ではときにどうにもわからないこともある。そういうときに役立つのが本書だ。

この辞典には意味などいっさい書いていない。アルファベット順に並んだ単語に、ＩＰＡつまり国際音声字母で発音が示されているだけである。これぞ「シロウト」には不要な、プロ向けの一冊だ。それほど頻繁に使わないかもしれないが、手もとには置いておこう。

ところで、英語教師なんだから、ＩＰＡは読めるよね？

『英語逆引辞典』（開文社）

授業中に「-ache で終わる語は『〜痛』という意味だよ」と教える。あるいは「最後が -mb なら、b は発音しない」と説明する。では具体的にはどんな語があるのか。そういう問いに答えるのが本書である。

授業中、教師にとっては例題が命。長年教えていればだんだんと知識が蓄積されてくるが、それまでは説明一つ一つに対して具体例を準備しなければならない。まずはこのような逆引き辞典を手に入れて、その中から担当する学年のレベルに相応《ふさわ》しい例語を探すのである。

逆引き辞典にはいろいろあり、さらに詳しく知りたい場合には『プログレッシブ英語逆引き辞典』（小学館）がある。ただし、こちらは接尾辞をもとに引く方式をとっており、厳密な意味での「逆引き」とは少し違う。

『米語正誤チェック辞典』（マクミラン ランゲージハウス）

英作文をするときに正しいかどうかを判断してくれる辞典である。万能ではないが、手もとに一冊はほしい。類書がいろいろあるが、まずは日本語で解説が書いてある親しみやすいものを紹介することにした。

このような辞典は、文法だけでなく、語彙の選び方や語結合（collocation）についても、有益な情報を与えてくれる。英語教師にとっては、まさに目の前の問題を解決するヒントが得られる。ただ引くだけでなく、少しずつでも読んでいけば、典型的な間違いのパターンが見えてくる。このような眼は、プロとして是非とも養っておきたい。

『BABEL翻訳表現辞典』（バベルプレス）

和訳のとき、語彙や構文は正しく捉えていても、出来上がった日本語がなんだかピンとこないことがある。そういうときは、参考までにこのような辞典を引いてみるといい。一般の辞典に比べて、その訳し方はずっと大胆だが、ニュアンスの捉え方については、授業向けにもヒントになる。

もともとは翻訳家を目指す人向けの辞書であり、プロはプロでも、少し違ったプロ向けである。それでも役に立つ情報が満載で、パラパラ読んでみれば、翻訳のコツのようなものさえ教えてくれる「優れもの」だ。

『新・英語固有名詞エピソード辞典』（大修館書店）

「小春びより」のことを Indian summer っていうのはどうしてか。モルモットは marmot ではなく、guinea pig というのはなぜか。教師が授業中に話したい英単語にまつわるエピソードが、簡潔にまとめられている。生徒の興味を惹《ひ》くために調べていると、自分のほうが夢中になってしまう一冊。

また、フーリガンやリンチっていうのは、人名からできた単語だってどこかで聞いたことがあるけれど、具体的にはどういう経緯なのか。そういうことを調べたいときにも役に立つ。本書のいいところは複数の説を紹介しているところで、断定的でない公平な視点が信頼できる。

『タイトル情報辞典』（小学館）

たとえば小説『ナイル殺人事件』は英語で何というのか。映画『俺たちに明日はない』の原題は何だっけ。こういう定訳《ていやく》が決まっているタイトルについて、英米作品に限らず英語による対訳を教えてくれる。加えてそれぞれの作品に関する簡単な解説もあって非常に便利。しかも眺めているだけで楽しい。

主に日本語から引くようになっているが、巻末には英語からも検索できるようになっているし、さらには人名索引もついている。

『英和商品名辞典』（研究社）

これは本当にマニアック。さまざまな商品名について、その製造元や製品化に至る歴史についてまとめてある。本書を読んでいると、一般名詞と信じて疑わなかったものが、実は商品名だったことに気づく。これを基準にしたら、コマーシャルの排除に努める某公共放送は、何もいえなくなってしまう。

わたしがおもしろかったのは薬品名。ヴィックス Vicks もコンタック Contac もリステリン Listerine も、みんなアメリカの会社が作ったものとは知らなかった。『タイトル情報辞典』と並んで、寝転がりながら「勉強」するのにうってつけである。

英文法のリファレンス

プロとしての英語教師にとって、調べる必要があるのは単語だけではない。単語さえわかれば英文を解釈できると考えているのは、「シロウト」である。プロなら品詞や構文など、文法についても確かめたいと考えるはずだ。

そこで文法書も手もとにおいて、ときどきリファレンスすることになる。

Q17　何か調べるときに使う英文法書は次のうちどれですか？

(1)　石黒昭博『総合英語フォレスト』

(2)　江川泰一郎《たいいちろう》『英文法解説』

(3)　山崎貞『新自修英文典』

(4)　その他

Pくんは(1)を選んだ。「まず『フォレスト』を見て、詳しく調べたいときには(2)『英文法解説』

を使います」

王道である。わたしが英文専攻の授業で話したことを、Pくんは律儀に実行している。素直な青年だ。

Cくんも(1)を選んだ。彼自身が親しんできた文法書ということもあるが、教師となった今では、それだけではない。「教える項目が整理されているので、『漏れ』がないかチェックできますし、何より自分が受験勉強のとき以来何度も読んでいるので、愛着があります」

これは大切なことである。ある一冊を決めて、それを徹底的に読みこなす。その本だったら、どこに何が書いてあるかだいたい見当がつく。そのくらいになったら一人前だ。

「一冊を徹底的に」という方法は、受験勉強などで奨励されるが、実はプロ向きの勉強方法である。つまり、こういう高度な芸当はプロを目指している人にしかできない。一般の受験生にはむしろ酷《こく》であり、結局は挫折して敗北感が残るだけである。

C「ただ、うちの生徒に『フォレスト』はレベルが高すぎるので、もう少しやさしく解説した鈴木希明《のりあき》『ハーベスト』（桐原書店）を参考に、授業の準備をしています」

ここまでできれば、充分にプロである。

プロのための文法書について考える前に、それぞれの文法書について簡単に解説しておこう。

(1)石黒昭博『総合英語フォレスト』は第二章ですでに触れた。一九九九年以来版を重ねるベストセラーである。

(2)江川泰一郎『英文法解説』は少々古く、一九六四年に改訂新版が出た(一九九一年に改訂三版)。旧版はさらに十年以上前に出版されたらしい。以来途切れることなく、常に現役である。大学の英文専攻の学生が読んでも充分勉強になるほど、細かい知識にも触れている。安西徹雄氏も薦めている。

(3)山崎貞『新自修英文典』はさらに古く、大正時代以来のロングセラーで、一九六三年に増補改訂版が出た。当然ながらしばらく絶版だったのだが、最近になって復刻された。

この三冊は平成、昭和、大正という、それぞれの時代を代表する英文法書として選んでみた。Cくんが『フォレスト』を気に入っているように、人によっては『英文法解説』や『新自修英文典』が忘れられないという意見もある。愛着のある文法書というものが、誰にも一冊はあるのかもしれない。

それはそれとして認めるが、「昔のほうが優れている」と考えるのは間違っている。文法書に限らず、語学書は辞書も含めて日々進歩している。新しいものは過去の成果を踏まえて、さらに工夫を凝らしているはずだ。出来の悪いものもあるが、それはいつの時代も同じこと。長年にわたって使い継がれていく文法書は非常に少ない。

現代の英語教師にとって、『英文法解説』はともかく『新自修英文典』はほとんど不要である。リファレンスしなくてよい。ただ、こういう昔の文法書も一冊くらい持っていてもいいだろう。わたしとしては細江逸記《いっき》『英文法汎論《はんろん》』を薦めたいところだが、今では入手しにくいし、書棚でも場所を取る。だから『新自修英文典』だけでも手に入れて、パラパラとめくり、「かつてはこんなふうにまとめられていたんだなあ」と感慨にふけるだけでいい。気に入った箇所をあちこち拾い読みすれば、もちろん勉強になる。でも「昔はよかった」という老人趣味に落ち込んではいけない。

ところで、わたしが挙げた以外の文法書では、どんなものがいいのか。これについては、彼らに教えを乞《こ》うことにしよう。

P「同じ学年の英語の先生からは『ロイヤル英文法』を薦められました」

C「授業の準備とは別に、文法について気になったときには安藤貞雄『現代英文法講義』を使います。*A Comprehensive Grammar of the English Language*（Longman）も買ったのですが、たいていは日本で出ているもので用が足りてしまい、出番がありません。先生のいうとおり、日本の英語研究は進んでいますね」

そうなのである。だから無理に背伸びをして、英米で出版されたものだけを使うことはない。疑問に思うことが日本の英文法書で解決するのだったら、それで充分ではないか。

英語のプロである英語教師にとって、辞書や文法書に関する知識は不可欠である。これに加えて百科事典や専門雑誌などを、金銭の許す限りなるべく多く手に入れる。次第に本が増えていき、自分の部屋がだんだんと「図書館」になってくる。

プロには自分の「図書館」が不可欠である。関係のありそうな文献資料はなるべく買い集める。ときにはつまらない本を買ってしまうこともあるだろうが、それも勉強の内。そのうちだんだんと整理されていって、最後には自分専用の趣味のいい蔵書ができる。そうなってやっと、プロとしての「道具」が揃う。まずは十年かけて、本を追い求めてほしい。

英語の歴史と方言

英語のプロにとって必要なことは、現代標準英語だけではない。

条件❷　英語の歴史と方言に関する知識を身につける

歴史と方言については、英語学の一部として、大学時代にひと通り勉強したはずだ。だが、ほとんどの人は忘れてしまっているだろう。それは別に構わない。ただし、英語教師となったのだから、これをもう一度見直す必要がある。

歴史と方言を学ぶことは、英語学の他のテーマ、たとえば音声学とか統語論とか、英語圏文化を学ぶこととは根本的に違う。

それは、英語運用能力の向上に直接は「役に立たない」からである。

音声学を学べば、自分の発音を客観的に捉えることができ、さらには発音がよくなるかもしれない。統語論を理解すれば、英文理解の助けとなる。さらに英語圏文化について知ることの大切さは、これまで述べてきたとおりだ。

このようなものに比べて、英語の歴史と方言は質がまったく異なる。何よりも英語の上達と直接的な関係がない。歴史を知ったところで英文理解が深まるわけではないし、方言を知っても発音がうまくなるわけではない。ということで、英語の上達のみを目指している一般学習者には、無用の知識なのである。

一方、プロとしての英語教師は、これを避けて通ることができない。歴史と方言は、英語を包括的に捉える上で非常に大切な知識だからである。

英語の歴史は時間的なバリエーションであるのに対して、方言は空間的、社会的なバリエーション。これに現代標準語の知識が加わり、はじめて「英語」が完成する。

このような考え方は、わたしの気質と結びついているのかもしれない。つまり、現代標準語、歴史、方言の三つを押さえなければ、その言語を正しく捉えられた気がしないのである。別に「三位一体」というつもりはないのだが。

ロシア語を専攻していたときもそうだった。現代標準語はふつうに勉強していれば徐々に身につく。歴史は大学院時代に専攻して深く付き合った。問題は方言で、現地調査の難しい当時の状況では勉強しづらかったのだが、それでも概説書をいくつか読んで、せめて頭に概略を描くように努めた。

それ以来どんな言語に接するときも、この三つが揃わなければ、それは単なる「学習」であって、少なくともプロとはいえないと考えている。

英語の歴史や方言の専門家を目指しているのではない。だいたいのところを捉えればそれでいい。本を数冊読むだけのこと。でも、この知識があるかないかが、プロとアマチュアを分けるのである。

英語の歴史は手軽に読める

英語の歴史に関する本は、実は日本語でもたくさん出版されている。中には文庫や新書などで、気軽に読めるものすらある。

中尾俊夫『英語の歴史』（講談社現代新書）
寺澤盾《じゅん》『英語の歴史』（中公新書）

まずはこういう手に入れやすいものから始める。

英語の歴史については、複雑なプロセスが説明されているのが常なので、そう簡単に読み飛ばせるものではない。じっくり時間をかけてゆっくり読んでいく必要がある。たとえば通勤電車の中で一日十五分集中して読むだけでも、結構疲れるはずだ。一度にあまり進まないことは覚悟してほしい。

それ以外にも、英語の歴史に関する単行本はいくらでもある。何冊か読んでいけば、共通する部分も多いから、自然と頭の中で全体像が描けるようになる。それで充分。

さらに興味があれば「中世英語入門」みたいな本を読んでもいいのだが、ふつうはそこまでしなくていい。とはいえ、わたしはこういうのがやっぱり好きなので、本だけはたくさん集めてある。CくんもPくんも、よかったら貸してあげるよ。

本を選ぶときのポイントは、単語ばかりを比べていないかという点である。ジャーナリストなど専門家でない人がまとめたものには、語彙の比較しか扱っていない場合がある。確かに比べやすいのだが、それだけが英語の歴史ではない。音の対応はもちろん、語形変化や文型の変遷も含めて、言語の歴史なのである。似非《えせ》科学にはいつでも注意しよう。

英語の方言の情報は意外と少ない

一方、英語の方言については、日本語で読める本がずっと少なくなる。

その前に確認しておきたいことがある。方言といえば一般には「地域方言」と考えられる傾向がある。日本語でも、東京と関西とではアクセントが違うとか、東北では珍しい語彙があるといったような、場所の違いによる言語の違いを指すことが多い。だが言語学では「社会方言」、つまり階級や職業などの社会集団ごとの言語の違いのことも、方言に含めている。

その上で、英語の方言について日本語で読めるものは意外と少ない。アメリカやオーストラリアなど、地域限定のものは多少見られるが、あとは論文をまとめたような難解なものばかりだ。地域方言のみだが、全体的に扱っているものとしては、次の本がある。

石黒昭博編『世界の英語小事典』（研究社）

『フォレスト』の監修者には、このような編著もあった。類書の少ない分野で、せっかくわかりやすくまとめてある良書なのに、あまり版を重ねていないのが残念だ。最大の欠点は裏表紙のキャッチコピー。「学生のための研究の糸口、海外で活躍するビジネスマンの参考」とあり、「研究の糸口」はともかく、「ビジネスマンの参考」は完全な欺瞞《ぎまん》だ。こういう中途半端な営業をするから、せっかくの本が台無しである。繰り返すが、英語の方言に関する知識は、歴史と同様に、一部の専門家を除けば、英語教師にのみ必要である。

英語の社会方言については、邦訳書としてトラッドギル『言語と社会』（岩波新書）が古典的名著だが、いささか古いかもしれない。もっとも、原書はペーパーバックでも簡単に入手できるから、邦訳のあとに英語で読んでみるという方法もある。

音で確認したいという場合には、次の本がある。

中谷美佐『ナマった英語のリスニング』（ジャパンタイムズ）

付録CDがあるのは嬉しいのだが、半分は非英語圏のアクセントを扱っている。まあ、それはそれで、知っておくのも悪くないだろう。些細《ささい》なことだが、タイトルの「ナマった」という評価を含んだ表現が、言語学をかじっているものには少々気になる。

英語教師は英語だけでいいのか？

P「こうやってみると、英語教師ってやるべきことが多いですね」

本当にそうだ。プロへの道は厳しい。それなのに、わたしときたら英語教師にさらなる注文をつけたくなってしまう。

つまり、英語だけでいいのか。

Q18　英語教師には英語以外の外国語の知識が必要でしょうか？
(1)　必要である
(2)　英語だけで充分だ
(3)　わたしは世界中の言語が話せる

これには二人揃って(1)と答える。そりゃ、わたしの経歴を考えれば、これを期待していることが見え見えだ。どうやら、あまりフェアな設問ではなかったようだ。

C「いや、そればかりでもないですよ。いま、高校は多言語になりつつあるんです」

そうなのである。世間ではあまり知られていないようだが、日本の中学・高校には、実にさまざまな文化背景を持った生徒がすでに集まってきている。言語にしても、伝統的に多かった韓国・朝鮮語や中国語ばかりでなく、ポルトガル語、スペイン語、ベトナム語、ペルシア語など、さらなる広がりを見せているのだ。

C「特にタイヘンなのは親ですね。日本語がほとんどできない人もいるし、子どものほうがバイリンガルに近いときもあって、そういう場合には親のために通訳までします。とはいえ、奨学金などの難しい話はお手上げですけど」

どうやら、日本はかつて経験したことのない多言語社会に突入したらしい。英語だけでは不充分な状況が、目の前で始まっているのだ。

ということで、英語だけでもタイヘンなことは充分に承知の上で、他の外国語にもやっぱり触れてほしいのである。

条件❸　英語以外の外国語を学ぶ

ところで、大学時代の第二外国語は何だった？

Q19　大学時代の第二外国語は何を選択しましたか？
(1)　フランス語
(2)　ドイツ語
(3)　中国語
(4)　その他

Pくんは（2）と答える。

P「ドイツ語に決めたのは、大学進学の決まった高校生のときです」

選択の理由は？

P「英語に近いっていうウワサがあったからでしょうか。なんか『ドイツ語は英語の祖先だ』みたいな話を聞いた気がします」

その「ドイツ語は英語の祖先だ」という表現、言語学的にはだいぶアブナイんだけど、広く吹聴されていることは確かかもしれない。英語とドイツ語は似ているから、勉強がしやすいっていうんだけど、それって本当のところはどうなんだろうか。

P「さあ、なにせすっかり忘れてしまって……」

まあそうだろうね。

一方、Cくんは(4)を選択。へえ、その他って、何語を学んだの？

C「韓国語です」

珍しいね。どうして？

C「あの文字が読めたらカッコいいって思いました。それから小さい頃にNHKテレビでハングル講座を見ていて、なんだか謎の呪文みたいに聞こえたことばを解明してみたいなあ、なんて」

ああ、いいね。文字が読めるようになりたい、音がわかるようになりたいって、外国語学習モチベーションの基本だよ。

もっとも、韓国語の場合はそれだけではない。英語教師として直接に仕事と関係してくることも考えられる。修学旅行、高校間交流、そして何より、韓国語を話す生徒が入学してくる可能性は高い。いい選択をしたよ。

ただ、第二外国語で何を選んだかは、実はそれほど重要じゃない。

大学生だった当時と今では、状況も立場も違うから、外国語に対する考え方だって当然変化している。それに大学によっては、いろんな外国語の講座を開講しておきながら、たとえば英文科の学生にはドイツ語かフランス語のどちらかのみを推奨するようなヒドイところもあるらしいから、自由に選択できるとは限らない。それよりも、必要に応じて自分で勉強するほうがいいのである。忙しいことはわかっているが、英語以外の外国語を英語のプロだからこそ勉強してほしい。

それでは、今の段階で英語以外の外国語と、どのように付き合っていけばいいのだろうか。その選び方から考えていきたい。

英語教師のための外国語

何語を選ぶかというのは、もっとも難しい問題である。

もちろん、基本的には個人の選択だから、自分で好きな言語を選べばいい。しかし、ここでは試みとして、学校勤務五年以内の新人教師向けのモデルコースを、独断と偏見で考えてみたい。

まずは大学で選択した第二外国語を復習する。かつて勉強した教科書を読み直すのもいいけれど、多くの場合そういう教科書は独習に向いていないので、新しく入門書を買う。たとえある程度はできる自信があっても、必ず入門書から再開すること。そして少しずつ思い出すのだ。これに四か月くらい。

この先は、第二外国語がヨーロッパ系かアジア系かで、コースが分かれる。

Pくんのようにヨーロッパ系（ドイツ語、フランス語、スペイン語、ロシア語など）を選択していた場合、学ぶべきは中国語と韓国語である。片方ではダメで、必ず両方を学習すること。それぞれ四か月ずつで、かつての第二外国語と合わせて、全部で一年の予定である。

Cくんのようにアジア系（中国語や韓国語）を選択していた場合、第二外国語以外のもう一つのアジア系外国語が必要だ。Cくんにとっては中国語となる。これで韓国語と中国語の両方が揃う。この二つ以外のアジア系外国語（タイ語やベトナム語など）を学んだ人は、ヨーロッパ系言語の選択者と同じように、中国語と韓国語の両方を学ぶ。一つの言語に四か月というのは同じ。

そもそも、中国人や韓国人に英語を教えることは、この先もっとも確率が高い。彼らの言語を知っておくことは、その指導にも有益なはずだ。

また、学校によっては、韓国、中国、台湾などに修学旅行へ出かけることも考えられる。先生が率先して現地の言語に取り組めば、生徒も広く外国語に興味を持つかもしれない。

だが、中国語と韓国語を学ぶ効果は、それだけではない。それぞれの持つ言語的特徴が、なかなかバランスがいいのである。

中国語は、文字に親しみやすい反面、発音が難しい。大切なのは漢字を見て中国語の音が頭の中で蘇《よみがえ》ること。英語でも発音指導は大切だが、中国語を勉強すればこれが身をもって体験できる。

韓国語は、文法や発音は比較的親しみやすいのだが、文字が大変だ。時間をかけてこれを習得しなければならない。文字の難しさは、外国語教師が絶対に忘れてならないことである。英語を教えるとき、ローマ字くらいわかるだろうと、高を括《くく》っていてはいけない。

中学・高校の外国語教育は、英語、中国語、韓国語の三つを教えるのが、理想だと考えている。とはいえ実現は難しいので、せめて英語教師だけでも、自主的にこれに取り組んでほしい。

ただし、これではヨーロッパ系外国語を選択していた人の方に負担が偏ってしまう。そこで中国語や韓国語を選択していた人も、ヨーロッパ系外国語を一つ学んでほしい。どれでもよいのだが、スペイン語やポルトガル語は直接に必要となる可能性が高いだろう。

アジア系言語で中国語と韓国語ではない言語を選択していた人にも、やっぱりヨーロッパ系外国語を一つは学んでほしい。でもこれは後回しにしてもいいとしておこう。そうでなければ、負担が多すぎて不公平となる。

まとめれば、「中国語＋韓国語＋それ以外の言語」の三言語が最低限の条件である。

勉強するといっても、ペラペラ話せることを目指すのではない。まず必要なのは、それぞれの言語の特徴を掴むことである。お薦めは「言葉のしくみ」シリーズ（白水社）。さまざまな言語の「しくみ」が通読できるようになっているから、全体を掴むにはちょうどいい。『中国語のしくみ』や『ポルトガル語のしくみ』に目を通せば、自分の言語観も広がる上に、さまざまな文化的背景を持つ生徒のことが、少しは理解しやすくなるかもしれない。

こんな感じで、それぞれの言語について一冊か二冊に目を通す。一言語にかける時間が四か月しかないのだから、そのくらいが限界だろう。それでも、言語観がずっと豊かになるはずだ。

もちろん、この中から一つを選んで、さらに高いレベルにまで伸ばすことも可能である。運用能力を高めれば、しくみを把握するのとはまた違った世界が広がる。ただし、専門は英語であることを忘れてはいけない。

欧米の教養・ラテン語

では、古典語はどうであろうか。

わたしはこれまで、英語教師にラテン語を学ぶことを勧めてきた。ギリシア・ローマ神話や聖書と同様に、ラテン語は欧米の教養を形成する。極めることはないけれど、少しくらいは覗いておいてもいいのではないか。

だが、ラテン語学習はやさしくない。教材によっては、学習者に覚悟を求めるような厳しいものもある。ある本には次のようなまえがきがあった。

「ラテン語は一読して重厚な言語であるという印象を受ける。軽い単語を使う頻度が少ないからである。重厚な単語といっても長大な単語のことではなく、短くて意味の重い語のことである。……（ラテン語は）極めて人工的な言語であって、訓練もせずに自然に口からほとばしるといった軽薄な言葉ではない。無意識のうちに英語を念頭に置いている学習者は、かなり多くの英単語を補って考えないと意味が通らないかもしれない」

なんだか知らないが、ラテン語は偉いらしいという印象を持つ。世の中には「重厚な言語」というものがあり、ラテン語はそれだというのである。著者は他の言語をどれくらい知っているのだろうかと、ふと考える。とにかく、英語とは比べものにならないほど奥が深いので、無意識に英語を念頭に置いてはいけないそうだ。でも、無意識なのにどうやって正せばいいんだろう。

長年の研鑽を積んだ古典語学者は、人生を悟るのではなく、大衆の無知を批判する人がなぜか多くて、感じが悪い。

古典語にはこういう本がときどきあるのだが、若い英語教師には差し当たり無用である。是非ともラテン語にも挑戦したいというのならば、まずは逸身《いつみ》喜一郎『ラテン語のはなし』（大修館書店）か、小倉博行『ラテン語のしくみ』（白水社）を手に入れるくらいに留めておく。はじめから重厚で、しかも値段がやたらに高い書籍に取り組むことはない。

世界の言語を紹介する

個別の言語を学ぶのとは別に、世界の言語に関する概説書を読んでみるのもいい。日本でも各種出版されているが、これについてはせっかくだから英語で書かれたものを挙げてみよう。

Frederick Bodmer : *The Looom of Language* (W.W.Norton & Company, Inc.)
世界言語案内の古典。ゲルマン諸語とロマンス諸語に多少偏っているが、英語話者にとっては有益な情報が多い。

Kenneth Katzner : *The Language of the World* (Routledge & Kegan Paul Ltd)
世界言語の見本帖。簡単な解説も悪くない。

John McWhorter : *The Power of Babel* (Arrow Books)
いろんな言語に関する物語。

こういうものは、言語のおもしろいところだけを一般向けに書いているので、楽しいし、授業用のちょっとしたネタにもなる。何よりもいろんな言語に接してみたいという気分を高めてくれる。隅々まで精読しなくてもいいから、あちこちつまみ食いをするつもりで、本の中を散歩するといい。

英語教師のための日本語文法

最後に日本語である。

日本語が大切なことは容易に想像がつくのだが、それではどうやって学べばいいかとなると、意外と難しい。

英語教師にとって必要な日本語とは何か。

条件❹　日本語を新たな角度から学ぶ

わたしたちは日本語から逃げることができない。ことばを追い求めている限り、どこまで行っても最後は日本語の問題になる。

日本語については世間も関心が高く、書店へ行けば非常に多くの関連書籍が並んでいる。どれがよいか目移りしてしまいそうになるが、心配することはない。プロのための本はほとんどなく、したがって読む必要もないからだ。

ときどき「日本語ブーム」という現象が起きて、漢字検定が流行ったり、語法や敬語、漢字などを紹介する本がベストセラーになったりする。だが、大部分は断片的な知識の切り売りに過ぎず、クイズ番組みたいなものだ。クイズ番組が悪いわけではないし、楽しむのは勝手だけれど、それが学習の対象となるのは奇妙だし、少なくともプロにはまったく必要ない。

必要なのは、体系的な知識である。細かいウンチクをいくら集めても無意味で、全体を把握していなければ、知識は活かせない。そのためには、包括的な日本語文法書を読むことが肝心である。

英語のプロとはいえ、日本語について英語教師は「シロウト」である。日本語文法についても、まずは入門向けのやさしい本から読んでいくこと。学校で習った日本語文法に自信のない人には、次の本が適している。

山田敏弘『日本語のしくみ』（白水社）

これは日本語文法の中で特徴的なテーマを厳選し、読みやすくまとめたもの。一般読者が対象だが、英語教師にはとくに有益じゃないかと思っている。

山田敏弘『国語教師が知っておきたい日本語文法』（くろしお出版）

題名はハウツー本みたいだが、内容は日本語文法を品詞中心に記述した、いたって真面目なものである。国語教師がこの本だけで満足してもらっては困るが、英語教師はかなり体系的な知識が得られる。日本語文法書はたくさんあるものの、通読に耐えうるものがほとんどない中で、これは最後まで興味を失うことなく読める。

この二冊は日本人読者を対象に書かれている。だが英語教師にとっては、これだけでは充分でない。大切なのは英語と日本語の関係を捉えること。そのためには、プロとしてさらに別のアプローチをすることが重要だ。

では、どのような日本語文法書をさらに読んだらよいのか。

Q20　英語教師が読むべき日本語文法は次のうちのどれでしょうか？
(1)　英語で書かれた日本語文法
(2)　日本語教師（外国人に日本語を教える教師）のための日本語文法
(3)　高校時代に自分が使った国語文法

Pくんは(2)を選んだ。「以前、日本語教師向きの日本語文法を読んだことがあるのですが、ふだんは何も考えずに話していることばが、人に説明するとなるとこんなにも複雑なのかと感じたことを覚えています」

Cくんは(1)である。「日本語がラテン文字で表記されるだけで、五段動詞の語幹が子音で終わることがはっきりわかります。それぞれの文法の対応も確認できますし、何よりも日本語を外国語として客観的に見つめることができ、よい刺激になります」

なるほど。二人とも高校でやるような国語文法以外の本を、すでに読んでいるのか。それは英語を真面目に勉強している証拠かもしれない。いいことだよね。自分の母語を顧《かえり》みないような外国語学習は、プロのすることではない。

選択肢のうち、(3)は先ほど紹介した日本人のための日本語文法に当たる。これを復習することは大切だが、すでに触れたように英語教師のアプローチとしては不充分である。

(1)と(2)は非常に近い関係にある。(1)は英語話者向けに英語で書かれているのに対し、(2)は日本語のみで説明されていることが多い。いずれにせよ、日本語学習者に対してどのように説明するかが大切だ。

(2)は日本語検定の合格を目指すなど、実用に重点を置かれる傾向があるかもしれない。では(1)がアカデミックかといえば、そうとは限らず、こちらも会話集程度のレベルが少なくない。

英語教師に必要な日本語としては、次の本が優れている。

国際交流基金日本語国際センター『日本語への招待』(凡人社)

これはもともと英語で出版されたものの日本語訳である。文法は文型を中心に記述され、ほかに語彙論もある。(1)と(2)のよいところを合わせたような本なのだ。

こういう本を読めば、たとえば五段動詞の活用はローマ字を使って説明されるので、日本語を新たな視点から見直すことができる。ただし、この方法は『国語教師が知っておきたい日本語文法』など、もとから日本語で出版された本でも採用されるようになっている。名著だと思うのだが、最近ではほとんど手に入らない。本は基本的に買うべきだが、これだけは図書館で借りるのも仕方がない。

このように、英語教師もいろいろな角度から日本語を勉強しなければならない。言語の世界は総合的に捉えることが大切であり、それは英語も日本語も変わらない。

日本情報を英語で？

P「プロとしての英語教師って、勉強することがいろいろあって本当にタイヘンですね。でも、なんか、日本語で読むものが多いって気がしますけど」

そうなのである。なぜならば、英語そのものを伸ばそうというのとは、少し発想が違うからだ。プロとしての道具や教養を身につけることは、一般の英語学習者には不要である。だが英語教師の場合には、こういったものを総合的に捉えることが求められるのである。

C「たとえば日本の地理や歴史、それから風俗・習慣などを紹介する英語で書かれた本って、いっぱいありますよね。ああいうのはどうなんでしょうか」

確かに、最近ではいろいろな参考書が出ている。わたしの手もとにはこんな本があった。

『トレンド英語日本図解辞典』（小学館）

これは非常に詳しい辞典で、地理、風俗・習慣、伝統的文化、レジャー、政治経済、社会、日本の歴史といったテーマごとに、図版を多用しながら、わかりやすくまとめられている。説明は日本語による簡単な導入部があって、詳細は英語で書かれている。これは勉強になるし、日本について知ることもできて、一石二鳥だ。

ただし、このような情報には注意すべきことがある。

たとえば「こんにゃく」は英語で何というか。ある和英辞典には devil's-tongue paste とあった。おもしろい表現だと感心はするが、これで理解できる英語ネイティブは、おそらく皆無だろう。そこで先ほどの『トレンド』で引いてみる。ここでは a flavorless jelly made from the starchy root of the type of taro と、少々長いがことばを尽くして説明されていた。非常に正確である。では、この説明ならわかるのか。おそらく無理なはずだ。結局、日本に暮らしてこんにゃくを知っている人が konnyaku として認識できるに過ぎない。

このようなことは、昔、ロシア語通訳として観光ガイドをしているときに実感した。たとえば日光の杉並木を案内していて、「これは杉です」と説明しても、ふつうのロシア人にはまったくわからない。ロシアに杉はないからだ。かろうじて杉のあるコーカサス地方の人たちだけはわかるのだが、「そんなの、見ればわかる」といわれたらそれまで。

相手の知らないことをわからせるのは、生やさしいことではない。単語の対応を知っているくらいではダメなのである。ことばを尽くして説明したところで、正しくイメージしてくれるかは甚《はなは》だ覚束《おぼつか》ない。

日本に関する知識は、いずれ必ず役に立つ。ただ、プロとしての英語教師にとってすぐに必要かといえば、少し考えてしまう。日本について知ることは大切なのだが、新人の英語教師は英語および英語圏文化、さらには他の言語や文化を吸収することが、先決ではないか。

いまのところは、日本に関して英語で書かれた本を、少しずつ買い集めるくらいでいい。将来、必ず必要となるはずだからだ。ただそれはリファレンスできる資料を充実させればいいのであって、無理して読むことはない。そんな付《つ》け焼刃《やきば》で太刀《たち》打《う》ちできるものではないのだ。

まあそれでも、知っていればそれなりに楽しい。

たとえば寿司ネタを英語でどのくらい知っているか。

C「そういえばウニって sea urchin っていうんですってね」
P「よく知ってるね。ぼくなんか tuna と octopus ぐらいしかわからない……」
そんなPくんにお薦めなのが、これだ。

『英語訳付き寿司ガイドブック』（池田書店）

小型の本だけど、見開きごとに寿司ネタを一つ紹介するという贅沢《ぜいたく》なレイアウトで、なによりもカラーで写真付きだから、これならわかりやすい。
C「でも、寿司は見ただけじゃダメですよ」
P「そうそう、食べてはじめてわかるんです」
わかったよ。では英語の勉強のために、これから寿司を食べに行こうか。
P「これってプロにとって必要なことですか？」
どうだろう。一つ二つじゃなくて、たとえば『寿司ガイドブック』を全部覚えるくらいになれば、体系的といえるのかな。それにしても……
C「寿司ネタを英語で生徒に披露したら、受けるかもしれませんね」

そう、それは間違いない。先生はいろんなことを知っているんだぞというところを見せるには、ちょうどいいかもしれない。

英語のプロにもいろいろある。プロには単なる学習者より一歩進んだ情報と知識が必要で、この章ではそれらをどのように獲得していけばよいかを考えてきた。

しかし英語教師は、他の英語のプロと違い、何よりも教えなければならない。自分一人で理解するのではなく、他者に理解させることが仕事なのである。

このもっとも重要なテーマについては、次の章で考えることにする。

その前に、寿司だ。

ところでCくん、Pくん、君たちの嫌いな食べ物って何？

コラム

中学教師なっちゃん

この本に出てくるCくんとPくんは、どちらも高校の英語教師である。たった二人で高校教師を代表させようというのは、そもそも無理があるのだが、それよりも中学の英語教師が登場しないことが気になる。高校だけでなく、中学教師に向けてもメッセージを送っているつもりなので、そちらについても現役教師から意見を伺《うかが》いたい。

ということで、ここでなっちゃんの登場となる。

なっちゃんは、わたしがはじめて大学で非常勤講師をしたときの教え子である。当時のわたしは、英米語学科の第二外国語としてロシア語を教えていたのだが、彼女はクラスの誰よりも熱心だった。その大学のロシア語は初級と中級しかなかったのだが、一部の学生たちからの要望で、わたしは昼休みに何人かを集めて上級の自主講座を開いていた。今にして思えば、なかなか厚かましい非常勤講師である。そのときも、なっちゃんは一生懸命に勉強していた。

卒業後、なっちゃんは出身県に戻って中学の英語教師となった。就職後もロシア語の学習は自分で続け、実際にロシアへも出かけたと聞く。ロシアのことを忘れないだけでなく、ロシア語教師だったわたしのことも覚えていてくれて、途切れることなく連絡を取り続け、最近はメールでやり取りしている。

このなっちゃんに中学教師の代表ということで、CくんとPくんに答えてもらったのと同じアンケートをお願いしてみたら、喜んで協力するという返事をもらった。そこでさっそく、これまでに紹介した

Q1からQ20までの質問をメールで送ったところ、回答はあっという間に届いた。

この結果をまとめると、次のようになる。

なっちゃんの場合、英語教師になろうと決めたのは大学時代だった。ただ、本当は日本語教師、つまり外国人に日本語を教えることに興味があったらしい。ということで、高校までは英語よりも国語が得意だったというのも納得である。

ちなみに、かつて習った教師に伝えたい気持ちとしては、Cくんやpくんと同じように「わたしも教師になりました！」を選んだが、「あなたのようにはなりません」という回答も「少数ですがこれもあり」とのこと。うへぇー。

中学生に英語を教えている彼女は、高校教師と比べて立場がいろいろ違うだろうと想像するのだが、「英語を学ぶと視野が広がるんだよ」という気持ちは変わらない。英作文ではネイティブでないため最終判断がつきにくいことや、生徒は英語の構文が理解できていないために誤訳してしまうという点も、高校教師と共通している。

ただ、生徒の発音は「まあなんとか通じる」レベルということなので、やはり初級段階から指導するほうが、やりやすく感じるのかもしれない。

もう一つ大きな違いは、生徒の居眠りは睡眠不足が原因だと考えていること。

なっちゃん「だって部活のために毎朝六時台に家を出て、放課後に部活があって、なんだかんだで夜九時まで練習する日もあるんですよ」

そりゃ無茶苦茶だね。首都圏と違って、地方は部活に熱心なのかな。

なっちゃん「わたしの授業がつまらないから寝ちゃうのではありません……と信じたい」

途中から活字が小さくなっていた。

さて、自分の英語力については、「中学校に限ります」と加えた上で、教えるのには問題ないと答えた。留学はチャンスがなかっただけで、本当は行きたかったそうだ。CくんやPくんと違うのは、音読はしていないところと、英語教師にとってもっとも必要な知識にシェークスピアを挙げたところ。このあたりは個人差もあるだろう。英和辞典をもっともよく使い、文法書では『ロイヤル英文法』というあたりは、むしろ共通している。

だが何より一致するのは、英語教師には英語以外の外国語が必要であると考えている点だ。やっぱり、わたしの影響だろうか。それとも第二外国語であったロシア語にあれだけ熱心だったからか。

また日本語教師に憧れていた彼女としては、日本語教師のための日本語文法に興味があるのも当然である。実際、なっちゃんはいま、一年間のサバティカル（研究などのための長期休暇）を取って、外国籍の児童や生徒を支援するための研修に参加し、ときには日本語を教えているそうだ。

もっとも気になったのは、なっちゃんが英語教師は他の科目に比べて負担が多いと感じていることだった。これはCくんやPくんも同じだったのだが、その理由が少し違う。

なっちゃん「ネイティブの先生が何か問題を起こすと、その処理はすべて英語教師の担当です。たとえば食中毒になった先生のために医療保険申請書を翻訳しなければならなかったり、ママが恋しくなって帰国したまま戻ってこなかった先生の下宿の後片付けをしたり……。頼むからフツーに暮らして」

ホント、そりゃタイヘンだね。

でもわたしにしてみれば、クラスでいちばん小柄で華奢《きゃしゃ》だったなっちゃんが、英語教師という仕事を通してすっかり逞《たくま》しくなったなあというのも、正直な感想なのである。忙しすぎて過労になってはいけないけど、これからも努力を続けてほしい。そういう気持ちも込めて、この本を書いているんだよ。がんばれ、なっちゃん。●

5

がんばれ、新人英語教師！

好き嫌いをしてはいけない

人には好き嫌いがある。

Cくんと Pくんにも、やはりある。

実はこのCとP、彼らのイニシャルではない。そもそもイニシャルがPの日本人がいたら、かなり珍しい。そうではなくて、それぞれの嫌いな食べ物を、しかもいい加減に示しているのである。それが何を指すのかはどうでもいい。とにかく、食べたくないものの一つや二つあるほうが、人間らしくてわたしは好きだ。

ただ、好き嫌いも食べ物ならいいけれど、生徒だと困る。もちろん、そもそも人間に対する好き嫌いなんてふつうはあるもので、わたしなんか嫌いな人をリストにしたら、ものすごい長さになってしまう。だが、教師として生徒に接するときには、決して許されない。感情を抑えて、だれにでも公平に接することが、絶対的に必要なのである。

……とまあ、こんな説教臭い話は、別にわたしがしなくても、よくわかっているよね。

だが英語教師には、もう一つ好き嫌いをしてはいけないものがある。

それは教育内容だ。好き嫌いせずに、何でも教えられること。

関係代名詞を教えるのが苦手だとか、間接話法の説明がうまくいかないとか、そういうのはダメ。英語教師たるもの、英語に関して満遍《まんべん》なく教えられるようでなければならない。

それもわかってる？

そうか、それならいいんだけど。

いや、この点については、中学や高校の教師のほうがしっかりしているかもしれない。それに引き換え、大学の教師はこの好き嫌いが激しすぎる気がする。

大学では外国語の教師をしていても、実は文学の専門家という人が非常に多い。文学の専門家は、一人の作家なり詩人なりを生涯かけて追い求めるタイプが主流で、これを作家恋人主義という（わたしが名づけた）。研究対象が恋人なので、浮気は自ら禁じている。だから、他の作家や文学作品について講義を受け持つように依頼されても、「わたしは専門家ではありません」と、にべもなく断ってしまう。一途《いちず》というか、何というか。

言語の専門家は、この傾向がもう少し薄いかもしれない。「わたしは形容詞の専門家ですから、ほかの品詞は知りません」というような人はほとんどいないはず。いたら本当に困る。でも、たとえばわたしが大学の専任教員だったとき、「わたしは意味論の専門家ですから、語用論の講義は担当できません」と断る人がいた。その結果、その語用論の講義はわたしが担当して、CくんやPくんにも教えることになったのである。

いったい専門家って何なのだろうかと、ときに考えてしまう。

まあ、専門家もいいけれど、教壇に立つのならプロの教師であってほしい。そしてプロの教師だったら、何でも教えられて当然なのである。

若い駆け出し教師の頃から、チャンスがあればいろんな科目を担当してきた。わからないことは調べればいいと思っていた。だいたい、わからないことはどんな授業にも付きものであり、だから勉強は欠かせない。勉強しながら教えるのが、本当の教師といっていいのではないか。

とはいえ、覚えたての知識を、ただ右から左へ読み上げているだけではダメである。教える相手を無視して一人で突っ走っているようでは、とてもプロとはいえない。

プロだったら、よい授業ができなければならない。そのときのポイントは三つ。伝える内容（英語の授業であれば英語）、伝える相手（生徒）、そして伝える本人（教師）のキャラクター。このバランスが上手にとれて、はじめて授業は成功するのである。

この章では、英語と生徒と教師との関係について考えていきたい。例によってハウツー式のメソッドは示さない。そういう本ではなかったよね。

ただし、そもそもわたしが思いつく例は、ほとんど大学教育からヒントを得たものである。だから、中学や高校でそのまま通用するとは限らない。

そこでその点については、CくんとPくんからコメントをもらうことにした。今まではアンケートで質問ばかりしていたので、最後はやり方を変えてみよう。

直接に役立つことばかりではないけれど、あれこれいろんな話をするので、自分のスタイルを確立するための参考にしてほしい。

歴史は繰り返す

大学では専任教員として十三年間にわたって教鞭《きょうべん》を執《と》り、その間は学生としっかり付き合ってきた。

付き合ったのは一部の親しい学生だけかもしれない。しかし接するのが授業中のみに限られていた学生も、同じように大切にしてきたつもりだ。個人的な付き合いはなくても、あらゆる学生を常に詳細に観察することで、わたしは多くのことに気づき、それを授業に反映させることができた。

そう、わたしは観察するのである。

だが、はじめのうちは、いくら観察してもよくわからなかった。毎年毎年が違って見えたし、新しいことの連続だった。

ところが十年を過ぎたあたりから、パターンが見えるようになってきた。

もちろん、人間は一人一人違う。個性尊重の時代に「パターン」なんていったら、それだけで叱《しか》られてしまいそうだ。しかし、人間はそれほど個性的というわけにはいかない。全体的な傾向はある。それに個性的過ぎる人間は、社会生活に支障をきたすのだから、いいことばかりではないんだよ。

パターンを知るためには、観察が大切。ただし評価は加えない。純粋に、行動様式と思考方法だけに注目する。

すると、学生が見えてくる。

見えてくるのは、彼らの個性、態度、思考様式に限らない。学習のプロセスも見えてくる。これがわかれば、なによりも授業そのものがうまくいく。

とくに重要なのは間違え方のパターン。いったい学生は、外国語学習でどのようなことにつまずくのか。そうさせないためには、何を強調して説明しなければならないか。教師にとっては何よりも大切なデータだ。

答案用紙だって、白紙でなければ、誤答はこちらに多様な情報を提供してくれる。間違えるパターンが教師の頭に入っていれば、来年の授業に備えることだってできる。何よりも、試験問題の作成に役立つ。

ただし、間違いのパターンは決して少なくないから、甘く見てはいけない。二、三年ぐらいで出尽くすことはない。毎年毎年、よくもまあ「個性的」に間違ってくれるものだと、感心してしまうほどだ。それでも続けていれば、そんな複雑なパターンだって見えてくるのである。

ところで、ミステリー作家アガサ・クリスティーの小説にミス・マープルが活躍するシリーズがある。この老婦人のすごいところは、人生のほとんどをイギリスの片田舎セント・メアリー・ミードで過ごしているのに、事件が起こるたびに、自分が観察してきた、その村の住民の行動様式や思考方法から推理を働かせ、解決へと導くことだ。彼女の周囲は、これをparallelと呼んでいる。

教師にだって、このようなparallelが長年の経験から生まれる。ただし、長年やっているだけではダメで、しっかりと観察しなければparallelは浮かんでこない。

今も非常勤講師として大学生に接するとき、わたしは専任教員時代の経験をミス・マープルのように活かしながら、さらなる観察を続けているのである。

C「やっぱり、パターンってありますね」

P「ところで、先生はぼくたちのことも観察しているのですか」

当然じゃん。

できない生徒の傾向

parallel のヒントは、意外なところにある。

先日、テレビでクイズ番組を観ていた。タレントがたくさん出演して、ごく単純なクイズに答えていく。オーソドックスだが、この番組の目玉は「頭の悪い」タレントの珍解答というところが、これまでと違っている。

「頭の悪い」タレントは、事前におこなわれた学力テストによって、列のいちばん後ろに座っている。クイズのクライマックスは早押しで、正解すれば抜けていく方式。当然ながら、成績の悪いタレントはいつまでたっても抜けられない。顔やスタイルのよい若いタレントが、知識のなさを露呈していく。視聴者はそれを見て溜飲《りゅういん》を下げるのだろうか。そう考えると、なんだかイヤな気にもなるが、とにかく視聴率の高い人気番組である。

さて、「頭の悪い」というのは、どこから来るのか。やさしいクイズに答えられないのは、本当に知識が足りないからか。

そこでこの点に注目しながら観察する。すると見えてきた。クイズにうまく答えられない理由の大半は、聴いていないことにある。とにかく問題を聴いていない。何を訊ねられているかわかっていないのだ。

質問の意図がわからないから、その答え方はまったくの当てずっぽうになる。ダメでもともと、適当な語をとりあえず発してみるわけだ。だがまぐれ当たりすることは、どうやら中程度の能力保持者までらしい。できないタレントは、まぐれ当たりからも見放されている。

誤答の傾向について考えてみると、連想によるものが多い。別の回答者が間違えた答えを、少しだけ変えていってみる。誤答が誤答を呼ぶ。正解からは離れていくばかりだ。

これって、テスト主義の悪弊《あくへい》が反映しているみたいに見える。

当てずっぽうで答えるのは、マークシート方式のテストに慣らされてきたから。少しだけ変えた答えは、予備校などでよく教える解答のコツである。「出題者はちょっとだけ違う誤答を用意する」というようなことを、吹き込まれているとしか思えない。

「頭の悪い」タレントにだって、それなりの論理がある。たとえば読めない漢字は、部首の一部から見当をつける。知らない英単語は、とりあえずローマ字読みをする。これだって、どこかで習ったことかもしれない。

ここでparallelが思い浮かぶ。

わたしが英語を教えているときにも、同じ経験をした。英語の苦手な学生は、知っている単語をとりあえず答案用紙に書き殴る。文脈もなにもあったものではなく、意味不明の作文を延々と綴る。知らない単語は似ている単語で置き換え、たとえばexploitationがわからなければ、とりあえずexplosionに似ているからということで「爆発」と訳す。その結果、和訳が「爆発」する。

でもそれって、「頭が悪い」とは少し違う理由ではないだろうか。

タレントだから明るく振舞っているし、それを売りにしている人もいる。もしかしたら、テレビ局による「やらせ」なのかもしれない。でも、どんなタレントでも、ニコニコしていながらも、どこか悲しそうな表情を必ず見せる。

Ｐ「これはもう授業中でもよくあります」

C「間違えている本人だって、結構わかっているんですよね……」
気楽な娯楽番組のはずなのに、あれこれ考えてしまう。こういう生徒をフォローするにはどうしたらいいんだろう。

予習よりも復習を

もう少し、英語に特化したことを考えてみる。たとえば、予習について。

予習は復習と並び、教師が生徒に期待する課題である。かつてわたしが習った教師たちは、予習と復習をセットにし、家ではこの二つに取り組むことを奨励した。今考えると、勉強よりも勤勉さを奨励していたのかもしれない。

だが外国語の場合、復習はしてほしいが、予習は無理。これも学生を観察した結果である。とくに初級段階はそうだった。考えてみれば当然で、文法をひと通りやっていなければ、辞書を引くのもままならず、初見《しょけん》のテキストを家で読んでくることは不可能。もしそれですべてわかってしまえば、今度は授業に出る必要がない。しかし実際には、そんな賢い生徒ばかりではない。

外国語の初級では、授業中にすべてを教えたほうがいい。文法だけでなく、語彙も含めて、生徒がつっかえたら教えてあげる。辞書を引くのは、もっと後の作業である。中学の英語はそのような傾向にだいぶなってきたようで、好ましい。大学の第二外国語はこの点で遅れていて、とくに某言語では辞書を引くことを最重要事項と勘違いしている教師が多く、ひたすらそれを求めるような、サディスティックな授業を展開している。勘弁してくれ。

もちろん、ある程度まで進んだら、事前に辞書を引いて、自分なりに考え、それを授業中に確かめるという作業も必要になる。ただし、このような授業は中級以上で、しかも小人数《こにんずう》でなければならない。大勢の集まるクラスで、たった一人の生徒が自分の予習を発表し、その他大勢は自分の予習とつき合わせながら、教師の解説をもとに間違いを訂正していくのは、いかにもつまらない。

小人数で、できればお互いに向き合って討論できるようなクラス形態だったら、それぞれが予習してきた訳案を比べ合うこともできるだろう。とはいえ、高校ぐらいのレベルではどこまで出来るだろうか。

そうだとしたら、授業中は復習のほうに力を入れたい。復習によって、すでに学習した内容が理解できているかを確かめるのである。

復習には小テストもいいが、できれば新しいテキストを読ませてみたい。新しいテキストは、生徒ははじめて見るけれど、語彙と文法はすでに習ったものばかりで出来ている。つまり、既存の知識で理解できるはずのテキストである。これをその場で考えさせる。教師にはやさしく思えても、はじめて見るテキストに生徒は少なからず戸惑《とまど》う。だからテキストを配布したら、一人で読む時間を必ずもうける。しばらくしてから、訳読によって理解を確かめるのである。

この方法はとても効果的なのだが、適切なレベルのテキストを用意するのが難しい。場合によっては、自分で作らなければならない。

また準備するにあたっては、生徒が何を知っていて、何を知らないかを、常に把握していなければならない。これも意外とタイヘンで、たとえばこちらはすでに教えたつもりの内容が、実はまだだったりすると、生徒は戸惑う。これには注意を払うこと。その上で、自分の実力を把握させる。そういう復習が必要なのではないか。

C「そうなんですが、教えたのに覚えていないことも多いんですよね」

P「まあ、ぼくなんか、人のことはいえませんし」

そう、人間は忘れるものである。それを食い止めるには、繰り返すしかない。だから時間の許す限り、繰り返してあげようよ。

教師の一言は影響が大きい

教えたことを忘れたり、いうことを聞かなかったり、生意気だったり、生徒を扱うのはときにタイヘンだろう。でも、彼らも反抗的ばかりとは限らない。

中学生や高校生というのは、非常に扱いにくいようでいて、妙に素直だったりもする。たとえば進路を決めるとき、教師のアドバイスが大きな影響を与えることがある。

こればかりは、実はわたしがそうだった。

はじめに入学した都内の私立大学は、高校時代の担任から「いいところだから受けてみてはどうか」と勧められ、素直に受験し、結局そこしか合格しなかったので、進学したのである。二年生まで在籍し、そのあとはロシア語を専攻するために別の大学に編入するのだが、この私大での二年間は本当に充実していて、また勉強にもなった。勧めてくれた担任に感謝である。

ところが、あとで知ったのだが、担任がその大学を勧めたのは、大好きな野球選手の母校だったからという、ただそれだけだったらしい。

なーんだ、そうだったの？　まあ、いいけど。

世の中、何がキッカケになるかわからない。どんな一言が生徒の心に響くのか、予測がつきにくいのだ。だからこそ、教師は発言に気をつけなければならない。たとえば授業中に
「○○語はこれから重要になる。勉強しておいたほうがいい」

といったような話を教師がなんとなく話す。それほど深い意味はないのかもしれないが、この意見がある生徒には深く印象づけられ、結局その言語を大学で専攻する学生が現れたりする。こういうことは珍しくない。

教師自身にはそのつもりがなくても、多感な生徒には大きな影響を与える可能性が常にあるのだ。だからこそ、不用意な発言は控えてもらいたい。

特に困るのは、自分の偏見で否定的なことを発言する教師である。

ある生徒が大学でドイツ語を勉強しようと考えた。ところが、それを聞いた高校の教師が、こんなことをいう。

「ドイツ語なんて、森鷗外の時代じゃあるまいし」

この生徒は大きなショックを受ける。専攻を変えようかとまで悩んだ。でも別の教師がこういった。

「あなたがドイツ語をやらなければ、誰がやるの？」

結局この生徒は、初志貫徹でドイツ語を専攻した。この話は一年生になった本人から、直接聞いたものである。

励ましてくれた教師はすばらしい。でもその前に、大した根拠もなく「○○語なんてやっても仕方がない」などといった発言をする教師は、許されていいのか。わたしからすれば、体罰やハラスメントと同じくらい罪深い行為だ。

こういう無神経な教師がときどきいるらしい。

こちらは朝鮮語専攻の学生から聞いた話。

「高校の教師から『朝鮮語なんて大学で専攻する価値があるのか』といわれ、一時はやめようかとさえ思った」

そりゃあんまりではないか。許しがたい。こういう教師にだけは、なってはいけない。

このように生徒が自分で選んだ進路をけなすのも困るが、かといって妙に絶賛するのもフェアではない。生徒自身が進路を決めるキッカケというプラスに作用するので、その点については目をつぶりがちだが、本当はこれだって勝手な情報操作である。「○○語はこれから伸びる」なんて、投資みたいなことをいう人が多いが、そういうのはだいたい外れている。そもそも、外国語の需要なんて、専門家だってなかなか予測できないのである。先物取引のような、怪しくいい加減なことをいってはいけない。

職業選択を見据えながら、進路を真剣に考え始める生徒たち。いや、受験や進学に限らない。日々いろんなことを考えながら、彼らは将来を模索しているのである。そんなときに、教師がデタラメを吹き込んでもらっては困る。

教師が外国語に対して正しい理解をしてほしい。これはこの本を書くキッカケの一つでもあるのだ。

C「確かに偏見を押しつけるのはマズいですよね」

P「うっかりしたことをいわないよう、気をつけます」

言語は道具か

教師が吹き込む困った偏見は、他にもある。もっとも多いのは「言語＝道具」論。これについて、ちょっと触れておきたい。

この「言語＝道具」論、まるで常識であるかのように流布《るふ》されており、大学の外国語学部でさえ、これを当然と思い込んで入学してくる学生が、後を絶たない。

「言語は道具だから、それ自身を目指すのはバカバカしいことであり、むしろ言語を使って政治や経済を学ぶべきだと、いわれました」

ちょっと待て。誰がそんなこと決めたんだ？

わたしは「言語＝道具」論を認めた覚えはない。わたしを含め、言語に携《たずさ》わる職業に就《つ》いている人の中には、これに疑問を抱いている人がまだまだ多い。勝手に結論を出してもらっては困る。いつの日か、しっかり反論しようと、こちらは準備までしているのだ。

だが問題は、「言語＝道具」論が正しいかどうかではない。いや、わたしは別に「言語＝道具」という意見を持つ人がいたって、ちっとも構わないのだ。ただしそれは、外国語を学ぶ個々人が、自分でよく考え、納得した上で、そういう結論に至った場合に限っての話である。そうではなくて、何も考えずに人に吹き込まれてしまっているとしたら、それってダメじゃないか。

いったいだれが吹き込むのか。親か、親戚か、はたまた世間か。

大学生の話を聞くと、少なくとも中学や高校の教師は、この「言語＝道具」論で必ず一定の役割を果たしているようだ。ゆえに責任の一部があるのではないかと、わたしは邪推《じゃすい》しているのである。

教師が考え方を強制してはいけない。マインドコントロールだけはやめてほしい。個人の持つ偏見が教育を通して受け継がれることは、なんとも醜《みにく》いことである。絶対に抑制《よくせい》しなければならない。

本当は、わたしだって自信がない。わたしは自分でも気がつかないうちに、多くの教え子に影響を与えてしまうタイプらしいのだ。自覚はないが、だからこそ始末に悪い。大学では、専門課程ではなくて一般教養を担当してきたから学生の被害もまだ少ないが、それでも人生が大きく狂ってしまった人もいたのではないか。

ましてや、大学生よりもさらに素直な中学生や高校生が相手なのだとしたら、教師はよくよく注意してもらいたい。これは自戒の念を込めていっているのである。

P「ぼくたちは『言語＝道具』とは考えていません」

C「でもそれだって、黒田先生からの影響かもしれませんね」

うーむ。

弟子はいらない

確かに、教師が生徒に対してまったく影響を与えないというのも、却《かえ》って不自然かもしれない。教師だって人間である。人間だったら意見があるし、それを無意識のうちに生徒へ伝えようと努めてしまうことはありうる。これを避けるために、機械のような授業をされたらつまらない。影響を完全に排除することは、不可能なのかもしれない。

だが少なくとも、主従関係を結ぶことはないだろう。

つまり、師とか弟子とか、そういうのはいまどき流行らない。

四方田犬彦《よもたいぬひこ》『先生とわたし』（新潮社）を読んだ。著者と師との葛藤《かっとう》を描いた物語なのだが、読了後になんともいえぬイヤな気分になった。あまりにも濃厚すぎる人間関係は、学問に悪影響を与える。これでは勉強にならない。

大学だって公教育なのである。見所のある一部の生徒だけに高級な教育を授け、そこには深い絆《きずな》が生まれ、一方で残りのその他大勢を放っておいていいはずがない。ましてや中学や高校だったら、大問題になる。

どうやら優秀な生徒というものは、教師にとって大いなる喜びであるらしい。わたしにはよくわからないのだが、多くの教師は優秀な生徒を自分のもとに囲い込みたいという誘惑に駆られる。場合によっては、嫉妬《しっと》の対象となって苦しむことにさえなってしまう。

とにかく、そういうのはやめようよ。

だいたい生徒に限らず、他人なんて自分の思い通りにはならないもの。教師は方向付けをするだけで充分。英語が楽しいなあと思わせれば上出来。ドロドロした師弟関係なんて、いまどきクールじゃないよね。

C「つまり、ぼくたちは弟子ではないんですね」

そりゃそうさ。わたしは二人を同僚というか、同業者だと思っている。

P「でもやっぱり、黒田先生の弟子になりたいです」

そういうことというと、上納金を取り立てるよ。

いっしょに考える

師とか弟子とか、そういう面倒な関係ではなく、もっと別の方向を探りたい。そのほうが教育上も効果的ではないか。これもやっぱり、学生を観察してきた結果である。

わたしが国立大学に勤めていた頃は、理系の学生のみを相手にしていた。学生の中には、親しくなってわたしの研究室に通ってくる者も珍しくなかった。当時はロシア語教師だったのだが、彼らにとってみれば言語全般についての先生であり、当然その質問も多岐にわたる。

あるとき、学生が研究室に飛び込んでくるなり、いきなり質問した。

「先生、『了解!』っていう意味で『ラジャー』っていうけど、それってどうしてなんですか。そもそも、どういう綴りを書くんでしょうか」

まいったなあ。そんなこと、考えたこともなかったよ。とくに綴り。はじめがLかRかさえわからない。まあ、調べればいいことなのだが……

ここでふと考えた。

こういうときは、答えを教えるばかりが能ではないよな。

「そういえばそうだ。けど、ぼくも知らない。いっしょに調べてみるか」

そこで研究室にある辞書を、二人でいろいろ調べる。和英辞典もいいのだが、こういうのは見出し語として載っている可能性が低そうだ。そこで英和辞典で見当をつけながら引く。

「なんか見つかった?」

「いや、でもLではないみたいです」

「そうか。じゃあRかな。そのあとはａかｏで、それ以外の母音は考えにくいんじゃないかな」

「じゃ、こっちはｏで引いてみます」

こんなふうに会話を交わしながら、さらに調べる。捜索を続けているうちに、この作業が不思議と楽しくなっていく。

この問題の正解はroger。通信で相手の伝言を了解したことを伝えるための表現で、その語源はreceived and understoodの最初のｒに対して、仮につけた男性名Rogerであり、一九四一年にできた。類似表現としてウィルコというのもあり、これはwilco = wil(l) co(mply)からできたもの。

ここまで調べるのに、だいぶ遠回りをしてしまった。でも、そのほうが記憶に残る。それに学生も、ただ教えてもらうよりずっと楽しそうだった。

「わからないことは調べる」ことは指摘した。これは英語のプロなら誰でも実践していることだろう。だが英語教師の場合は、調べた結果を生徒にどうやって伝えるかも大切で、ただ正解を教えればいいというものではない。

Ｐ「そうですね。ある程度だったら、中学生や高校生が相手でも、いっしょに調べたり考えたりすることはできるんじゃないでしょうか」

C「ただ、受験の悪影響で、答えだけを要領よく知りたがる習慣がついている生徒だと、難しいんですけど」

確かに、そういうのが染みついてしまっている生徒って、本当に困る。いや、生徒より、プロセスを大事にしない教育が困るんだよなあ。

教えすぎないために

教育はプロセスが大切で、知識をただ与えればいいというものではない。

それに加えて、なんでもかんでも教えるのは、やっぱりよくない。

教師は教えすぎてはいけないのである。生徒が興味を持つ前に、あらかじめ用意してしまったら、おもしろくもなんともない。親切でやっているようで、実は相手を台無しにしている。

本当は、生徒の興味を惹《ひ》きながら、自分で考えたり調べたりする能力を身につけさせなければならないのだ。先ほど紹介した例のように、いっしょに調べるのも一つのやり方である。

また、ときには答えを引き延《の》ばすことも、有効なテクニックだ。

大学で英語のリスニングを教えていたときのこと。容赦しないナチュラルスピードで流れるアメリカ英語の音声教材を、二、三人で相談しながら聴き取るリスニング訓練をした。聴き取るのは教材で空欄となったほんの一部に過ぎないのだが、みんな真剣である。同じ音声を五回以上聴かせて、その合間に相談をさせる。グループでの作業となると、友だちの手前ということもあるのか、サボる学生が却って減り、真面目に取り組む。中には意見が食い違って論争しているグループすらある。そんな姿を、わたしはニヤニヤ見ている。

最後に答えをプリントに書いて提出して、それで授業はおしまい。来週までさようなら。ところが授業のあとで、何人かの学生が教卓の前に集まってくる。

「なんなの？」

「今日のリスニングの答えを教えてくださいよ」

「それは来週だっていったよね」

「いや、なんだか気になっちゃって」

作戦通りである。みんな乗せられて、聴き取りに興味を持ち始めている。だが、そこで感動して答えを教えるようではダメ。

「まあ、次回までせいぜい気にしてくださいな」

「そんな～」

鬼だ、悪魔だと罵《のの》しるのを尻目に、わたしは颯爽《さっそう》と教室を出る。はっはっは。
でもこうすれば、彼らは次回も必ず出席するのである。
Ｐ「そういえば、ぼくも黒田先生には授業中にいろいろ乗せられたなあ」
Ｃ「Ｐくんは素直だからね」

おしつけがましい教師は嫌われる

外国語の教師というものは、親切な人が多いのか、どうしても教え過ぎてしまいがちになる。その結果、押しつけがましくなる傾向がある。これは逆効果であり、生徒もウンザリだ。

その上、外国語の教師は「愛国主義者」というか、専攻言語の話される地域が大好きな人間が多くて、悪いけどこれまたウンザリさせられる。自分の教えている言語の魅力を語りたくて、これが抑えられない。熱心のあまり饒舌《じょうぜつ》になり、大量の知識を押しつけようと暴走してしまう。授業時間をオーバーすることもしばしば。これってサイテー。

大量の知識を押しつけられても、生徒は途方に暮れるばかりだ。人間、新しいことが一度に頭に入る量には、限界がある。個人差もあるだろうが、若ければ若いほど知識を吸収するとか、そういうのは幻想であって、実際はそうもいかない。

しかも覚えられないわりには、「押しつけられた」という不快感のほうは残ってしまうのだから始末に悪い。しかもそうなったら、知識は吸収されない。

それって、やり方が違うんだよなあ。むしろ逆。

魅力は小出しするほうがいい。

本当に自信があるなら、外国語の教師は自分をコントロールして、相手をよく見ながら、少しずつ話せるはずだ。

知識はいっぺんに与えてはいけない。さきほどのリスニングの例もそうだけど、情報だって同じ。たとえ言語も文化もロクに知らない初歩段階であっても、なるべく小出しにするのである。本当に知的好奇心のある学生だったら、あとは自分で調べるはずだ。

Ｐ「とはいえ、生徒に知的好奇心があるかどうか、少し心配です」

Ｃ「でもさ、その知的好奇心を引き出すのが、教師じゃない？」

ほほう、何か秘策でも？

教師の「とっておき」

C「先生、いちばん長い英単語って何か、知っていますか」
ええと、なんだろう……？
P「あの、extraordinarily とか」
いや、いや、そんなもんじゃないよ。
わたしが知っているのは antidisestablishmentarianism かな。イギリスの歴史用語で「国教廃止条例反対論」という意味だけど、ちょっと無理やりな造語という気もする。これで二八文字。有名な例だけど、使うこともまずないし。
C「ぼくは、もう少し長い英単語を知ってるんですよ」
それからCくんは、Pくんのほうに向き直ってこういった。
C「教師の『とっておき』を持っている？」
P「トッテオキ？」
C「そう『とっておき』。たとえば授業中、みんながどうしても集中しない。教室もなんとなく騒がしい。いくら注意を引こうとしても、どうにもうまくいかない。そんなときに使うのが『とっておき』なんだよ」

ははは、おもしろいことをいう。でも、そういうのってあるな。このネタを話せば、どんなにザワザワしたクラスでも、必ず静かに耳を傾ける『とっておき』。そんな最終秘密兵器みたいなものを、わたしも確かに持っている。

C「でも一クラスで一回しか使えない。だから、乱発するわけにはいかないけど、そのかわり効果は絶大」

P「それって何？」

C「それが長い英単語なんだよ」

こういうと、Cくんは紙にサラサラとなにやら書き出した。

その英単語の長いこと、全部で四五文字もある。

C「みんながうるさいとき、ぼくは黙って黒板にこれを書く。すると生徒は大人しくなり、黙って黒板を見つめる。それから『いいかい、これがいちばん長い英単語なんだよ』といって、意味を教える。生徒は単語のあまりの長さにビックリだけど、先生がそれを何も見ないで書いたことに、さらにビックリなんだよね。そういうところって、よく見ているものなんだ」

P「なるほど。しかもそれって、間違いなく知的好奇心だよね。ぼくもこの単語を覚えたいな」

C「実はこれ、覚え方にコツがあってさ」

こんなやりとり見ていると、嬉しい気持ちでいっぱいになる。Cくんはもう充分にプロなのだ。そばにいるPくんもいい刺激を受け、教師としてのポイントをどんどん掴《つか》めるようになっている。

さてその長い英単語だが……、ま、自分で調べてください。

裏技はあるのか

長い英単語はCくんのネタである。そういうネタは自分で探すこと。

大丈夫、まともに勉強を続けていけば、ネタになりそうなミニ知識はだんだんと蓄積されていくもの。楽しい副産物なのである。

反対に、そういったネタばかりを求めて読書することは、なんというか、品がない。さらに自分で集めたのではなく、トリビアばかりをまとめた雑学本から得た情報は、底が浅いことが透けて見える。一部の教育指南書で「こうすれば授業がうまくいく」といった本も同様。読まなくていいっていったよね。そういうものに頼った授業をしているようでは、まだまだプロとはいえない。

またネタにしても、どうやって伝えるかが大切なことは、授業と変わらない。当然、そこには仕掛けが必要になる。

教師は手品師である。そこには当然、種も仕掛けもある。上手に見せれば、相手は喜ぶ。素直な生徒は、すっかり騙されてしまう。しかも騙されても楽しいことが大切で、これがまた手品と同じなのである。

先日、理工学部のかつての教え子たちと、久しぶりに会って飲んだ。そのうちの一人が、最近TOEICを受けたことを話してくれた。

「それが、先生の教えてくれた『裏技』のおかげで、その前より成績がアップしました」

それは、よかった。

でも、その裏技ってなんだっけ？

……とは、まさか訊《き》けないので、その場は適当に誤魔化した。

それにしても、TOEICの裏技ってなんだろう？

あっ、うん、なんか、そんないい加減な話を授業中にしたぞ。いやー、まいったな。だけどさ、そんな話を覚えているかっつーの。それにしても、それほど授業を熱心に聴いているクラスでもなかったのに、すごいなあ。

……というのも、やっぱり心の声。

まじめな話、TOEICについて、いちばんわかりやすくスコア・アップを目指せるのは、リーディング問題である。空欄に当てはまる正しい語を選ぶ問題や、下線部の中で正しくないものを選ぶ問題で、語彙の知識が問われる場合は、知らなければ答えられない。ただし文法だったら、ちょっと考える価値がある。

英語で難しいのは品詞である。ドイツ語やロシア語のように、形がしっかりと決まっているものが少なくて、その役割は相対的に決まってくる。出題者はそこを狙ってくるわけだ。

この位置には名詞が来ていいのか。動詞の不定形は可能なのか。そういう目で文を見直すだけで、相応しい語、間違っている語が見えてくることがある。

確か、そんな話をしたような記憶がある。それを「裏技」と名付けてみたのかもしれない。そのほうが注目を集められるから。学生にはその「裏技」ということばの響きが神秘的で、それに釣《つ》られて興味を持ち、文法の王道である品詞について、自ら理解を深めたのではないか。

わたしは大したことをしていないのだが、勉強になったというのなら、まあいいか。

こういういい加減なのは、中学や高校では許されない。あっ、大学でも許されないですね。反省。

Ｃ「いやいや、裏技っていうのは、どの世界にもあると思いますよ。とくに試験の場合、テクニックは必ずあるものです」
Ｐ「そうなの？　だったらぼくが知りたい」
……

憎まれないくらいの英語を

裏技はともかく、生徒を惹きつけることは、教師の重要な役目である。

中学生や高校生の世界観は狭い。だが、それは仕方がない。まだまだ、親の庇護《ひご》のもとで生きている年頃なのだ。海外体験をもつ者は多くなったが、それは自分の意志ではなく、家庭の都合によるものにすぎない。

その状態から世の中に向かって扉を開くのは、やっぱり学校なのである。学校は生徒に対して、世間を垣間見るキッカケを与えてくれる。その影響は計り知れない。

その学校で、英語が教えられている。しかも必修科目である。外国語は英語だけじゃないし、世界にはいろんな言語がある。そうはいっても、始まりは英語。わたしだってそうだった。

大学などで英語以外の言語に興味を持ったり、外国語学部へ進学したりする学生にしても、すべては英語から始まっているのである。得意だったかどうかは知らない。ときには英語嫌いを自称し、英語が苦手なことを自慢する人さえいる。だが、英語という道を通ってきたことは、決して否定できない。

英語が完全にダメだったら、他の外国語へ進むとは考えにくい。

とはいえ、外国語には相性というものがあるらしい。英語はダメでもロシア語には熱中できる人だっている。「英語ばかりが言語じゃない」という人生観もある。それは別に問題ない。ただ、入り口である英語で、完全に拒否反応を起こしてしまうと、その先が続かなくなってしまう。

これはやはり不幸なこと。

だから、「英語は嫌いじゃない」生徒を育ててほしいのだ。

好きでなくていい。憎まれないくらいの英語で充分。

あとははっきりいって、個人の趣味の問題である。これは教師が口を出すべきことではないし、わたしもこれ以上、口を出さないことにしたい。

C「嫌うってことは、やはり意識をしているってことですかね」

P「でも、嫌われたらやっぱり悲しいから、頑張ります」

魅力的な英語教師とは

生徒が英語を好きになるのは、英語そのものが持つ魅力だけが原因とは限らない。英語教師の魅力もまた、充分その理由となる可能性がある。

人間が人間を教えているのだ。教師たる者、魅力的でなければならない。

もちろん、魅力をコントロールするのは難しい。

たとえば外見。現代は女性も男性も、見た目で判断される時代になっている。時代に敏感な生徒は、教師も外見で判断しようとする。中には外見でしか人を判断できないヤツもいる。そういうヤツは、前置詞は見落としても、教師が三日続けて同じネクタイをしていることは見逃さない。第一回目の授業にせっかく溌剌《はつらつ》とした服装で臨《のぞ》んでも、「若作り」などという厳しい評価が下されてしまう。いくら努力をしても、その効果には自ずと限界があるのだ。

そうなってくると、結局、いまどき古いかもしれないが、教師は中身で勝負しなければならないのである。

魅力の中身はさまざまである。一つの価値観だけでは計れない。その上で、魅力的な教師、とくに魅力的な英語教師とは、どういう存在であろうか。

なによりも英語の運用能力は、当然ながら絶対に必要だ。その中でも重要なのは発音。教師なら、きちんとした発音、できれば「美しい」発音を目指すべき。少なくともカタカナ発音をしていいては、いくら知識があっても生徒はついて来てくれない。ただし、受験に役立つ英語知識で生徒を惹きつけるのはあまりやらないでほしいと、すでに指摘した。実用ばかりの英語教育は疲れる。

これに加えて、さらに次の三点が、常識的に考えて大切ではないか。

まず、誠実であること。英語学習は積み重ねであり、教師自身も日々努力を重ねていることを示したい。ただし、イヤミにならないこと。

それから、英語が好きであること。英語が好きでこういう職業を選んだということが生徒に伝われば理想的。そのためには、日頃から英語の魅力を語ってほしい。さらに楽しそうにしていることも大切。「先生って、英語が本当に好きなんですね」と、少々呆《あき》れられるくらいでちょうどいい。

最後に、英語がうまくなる可能性は誰にでもあることを示すこと。特殊な環境のおかげで英語ができるのではない。あらゆる人にチャンスがあることを見せつけてやってほしいのだ。

教師は生徒にとって、手本ではなく見本である。英語が好きでどんどん進んでいくと、こうなってしまうという実例。それって悪くないなと生徒に思わせたら、あなたは充分に魅力的な英語教師である。

P「わかりました。努力します」

C「でもそれって、本当に黒田先生が目指していることなんですか」

いや、それがそうでもないんだよね……。

困った英語教師とは

わたしが目指しているのは、嫌われない教師である。全員から熱烈に支持されなくていいけれど、生徒とそれなりの関係を築けなければ授業が成り立たない。英語という科目もそうだったけど、教師にしても、嫌われないくらいがちょうどいいのではないか。

では反対に、嫌われる教師とはどんなタイプか。

実をいえば、完全に嫌われる教師はめったにいない。何十人もの生徒を相手にしていれば、どんな教師でも多少の支持は集まるもの。だからといって、それで安心してもらっては困る。

それに公教育なんだから、一部の熱心なファンにだけ支えられていればいいというものではない。なるべく多くの生徒のことを考えるべき。

絶対に嫌われるのは、気まぐれな教師だ。

気まぐれな教師には、二つのタイプがある。

一つは言動が一定しないタイプ。昨日と今日でいっていることが違う。こういう人は大学の教師に多い。卒業論文を中間段階で持っていくと、内容はロクに見ないで瑣末《さまつ》なテニヲハばかり直したがる。しかも昨日はハをガに変えろといったのに、今日になったら再びハに戻せという。お話にならない。

英語の場合、あるときは日本語訳ばかりを気にして、別のときは発音に厳しく、さらに違うときには英単語の知識を要求するようでは、生徒は混乱してしまう。場面ごとでさまざまなアドバイスが必要なこともあろうが、全体としての基本方針が決まっていないと、ただの思いつきで行動しているようにしか見えない。それでは信頼されない。

もう一つは感情が一定しないタイプ。毎日の虫の居所によって、やさしかったり厳しかったりする。とくに厳しい方は困る。相手を罵倒《ばとう》するのは絶対に許されないが、妙にねちねちとイヤミをいうのも、教師のやることではない。

感情の起伏は誰にでもある。そのため、教師はなるべく平常心を装うのだが、人が傷つくような言動を平気でする中高生と接するのは、決して楽ではない。それでも、感情はコントロールしなければならない。

英語の教師は、気まぐれではいけない。そもそも、外国語学習は日々の積み重ねが大切。調子が悪いときもあるけれど、一定のノルマを確実にこなしていくことが求められる。言動にせよ、感情にせよ、抑えることができて一人前。熱いタイプでなくても、教育も学習も充分に進む。もっとも、この点に関してはCくんもPくんも安心。二人の穏やかな性格は教師として好ましいもんね。あとは個性を活かして、生徒から人気のある教師になってほしい。

とはいえ、変な人気を狙っておもねるのはダメ。それに人気のある教師というのも、生徒にとってさまざまなのだ。

たとえばおもしろい教師は人気がありそうに思える。だが、何がおもしろいかの基準は、生徒の年齢や個性によってだいぶ違う。ギャグを飛ばす教師が人気者かといえば、そうとも限らない。つまらないギャグはむしろ逆効果。

成績を甘くつける教師はどうだろう。みんなができるやさしいテストを出題して、生徒から人気を集める。しかし相対評価だったら、通知表でよい成績がつく数は決まっている。また人気取りで成績を甘くしていると、いつの日か生徒から軽蔑される。

それに、そんな不自然なことをしてまで人気を集めたところで、授業はうまくいかないものなのである。

P「よくわかりました。でも、個性的な教師になるには、どうしたらいいんですか」

C「そもそも黒田先生は、学生からどんなふうに思われていたと自覚しているのですか」

おっ、ズバリ訊いてくれるね。

少しヘンでも許してくれる？

そうねえ。

わたしは学生から「ちょっとヘンな先生」と思われていたんじゃないかな。

授業中はいつでも機嫌がよさそうで、発音はネイティブに限りなく近い印象を与え、聞いたこともない国の事情を話し、なにか得体の知れない過去を持っていて、学生には気軽に声をかけ、質問にもていねいに答えるけれど、どこか冷めている。

一部は素《す》だけど、実はキャラを作っていた部分もあるよ。

これに対しては、おもしろがってくれる学生もいたし、反対に苦手に思っている学生もいた。やっぱり、好みはさまざま。

だが、そもそも外国語の教師というものは、多少はヘンなくらいでちょうどいいんだと考えているんだ。

C「また過激なことをいいますね」

いやいや、いたって真面目な話。

初歩の段階では、幼稚な内容を一生懸命に伝える必要がある。そのためには、知的水準を落とさなければならない。そんな幼稚な内容を、マジでやるのが外国語の教師である。自らが「こんなのはくだらないですね」といったら終わり。少しくらい不自然な状況設定であっても、無理やり納得させる。語学教材にありがちな、つまらない小噺《こばなし》のせいでシラけた教室のムードを、なんとか立て直す。そんなことが求められるのである。

他の教科では、ちょっと考えられないのではないか。

さらに外国語の教師は、その言語の話されている世界の代表である。異界の人なのだから、日本の常識から少しくらい外れていてもいい。

異質な存在を受け入れるのが外国語の学習である。ところが日本人は平均を好みすぎる傾向があり、これを学生は素直に継承している。そんなことでは、外国人とコミュニケーションなんてできない。ましてや外国語なんて身につかない。そこで常識をぶち壊す必要がある。それが外国語の教師なのだ。常識の通用しない人間になって、学生に考えるチャンスを与えるのである。

このような都合のよい理由を挙げて、「ちょっとヘンな先生」をやっていた。

その上でさらに、そういうのが「カッコいい」と思わせれば、教師の勝ちだろう。学生はその魅力に惹かれて、何もいわれなくても勉強する。そもそも教師は、人前に立つのが商売という点で芸能人と変わらない。魅力的な人間を目指すのは、このような職業の宿命ともいえる。

だが、こういう考え方に抵抗感を示す教師は多い。授業はつまらないかもしれないが、実は大切なことをたくさん話している。あとになって必ず役に立つのだ。目先の人気なんて、軽薄《けいはく》でバカバカしいと批判する。

まあ、負け惜しみですね。気にしなくていい。

少しくらいヘンでも、生徒を惹きつけるためなんだから、許してほしい。

P「どうすれば黒田先生のようになれますか」

おいおい、人の真似はダメだよ。自分で考えなさい。それに、わたしの真似なんかしていると、社会に適応できなくなるよ。

がんばれ、新人英語教師！

人にはそれぞれ、いろんな経歴がある。経歴は過去であり、過ぎてしまった時間は、いまさらどうしようもない。反対に過ぎた時間の少ない新人教師は、経験が少ないわけだが、それだってどうしようもないことに変わりはない。それを責めたところで、何にもならない。

ところが、世の中には意地の悪い人もいる。ある本に、こんなことが書いてあった。

「……何語でも、相当に深く幅広く勉強しないと、少しやった程度ではまだ勉強不足と言えると思います。逆にことばが理解できる人は何らかの形で世の中に貢献しなければならないと思います。大卒で、すぐに中高の英語の先生になるシステムは、筆者にいわせれば拙速《せっそく》です。一回社会に出て数年社会勉強をしてから、学校で教えることが必要だと思います」

これは英語ではなく、伝統的な第二外国語でもない、さる言語を紹介する本の中で見つけたのだが、この一節には大いに失望した。英語教師にどんな恨みがあるのか知らないが、お門違《かどちが》いも甚だしい。いくら社会人経験を積んだところで、教師としては未熟のままに決まってるじゃん。とにかく、新人教師はこういうのを鵜呑《うの》みにして、反省することはない。だいたい、こんなことをいう人に限って、英語だけでなく、自分が専攻する言語だってそれほどできないのだから。その証拠に、こんなに短い文章で「思います」を三回も連発するなんて、言語のセンスがあるとは考えられない。

新人教師は経験が少なくて当然。誰でもはじめは未経験。それに、時間は放っておいても必ず過ぎていく。大切なのは、これからいかに経験を積んでいくか。それは自分で考えなければ。自分で考えていくのは難しいけど、そういうときを狙って親切を押し売りされるのも迷惑だ。

新聞を読んでいたら、新人教師にアドバイスする元教師のことばがあった。

「教師一年目はゆっくり慣れることが大切。三年もたてば指導書通りに授業ができるようになる」

はあ、そうですか。指導書通りが目標ですか。そりゃ素直なことで。

これに限らず、退職した教師集団や、怪しげなＮＰＯ団体が、新人教師に口を出そうと、あの手この手で迫ってくる。気をつけてね。

わたしはそういうことはしない。

ＣくんやＰくんとは、これからもいっしょに勉強したり、考えたり、飲んだりしていくつもりだけど、指導なんてしない。そんな、オコガマシイこと、わたしのキャラじゃない。それより、新しいビアホールを教えてあげよう。あとはせいぜい、応援すること、エールを送ることくらいかな。

がんばれ、新人英語教師！

番外編

英語教師の英国旅行

Turbulence

二〇〇九年八月。
Cくん、Pくん、そしてわたしの三人は、ロンドンへ向かう飛行機内でワインを飲んでいた。
P「けっこう揺れますね」
黒「乱気流ってヤツでしょう」
C「Pくん、『乱気流』って英語で何ていうか、知ってる?」
P「あっ、ええと、なんだっけ」
いきなりの質問。英語教師はいつでもどこでも、英語のことを忘れない。この精神でこれから十日間、三人でイギリスを旅しようというのである。

*

昨年末、CくんとPくんは二人でアイルランド旅行を計画していた。留学経験のない英語教師たちは、たとえ観光でもいいから、英語が話されている地域を訪れてみたいと考えた。そこで二学期終業後の冬休みに、ほんの数日だけ行くことにしたのである。

飛行機のチケットを予約し、日程なども細かく決め、二人はおそらくワクワクと準備を進めていたに違いない。ところが、残念なことに急遽《きゅうきょ》中止となってしまう。理由はPくんの突然の仕事で、年末に学校を留守にすることができなくなってしまったのだ。ということで、旅行はドタキャン。

C「いや、それは仕方のないことですし、ぼくもよくわかったからと伝えたんですけど、Pくんがひどく申し訳なく思っているみたいで」

そりゃそうだろう。心のやさしいPくんは、Cくんにタイヘンな迷惑をかけてしまったと、ガックリ落ち込んでいるのである。もちろんCくんにしたところで、残念なことには違いない。

C「また次の機会を狙えばいいんですよ」

しかし、である。高校教師は忙しい。勤続年数が長くなればなるほど、いろいろな雑務が増えて、二人揃って出かけることはこの先ますます難しくなるのではないか。

そこでこんな提案をしてみた。

「あのさ、わたしも含めた三人で一緒に行くことにしない？」

三人で出かけることにすれば、たとえ誰かが忙しくて行けなくなっても、残りの二人で旅行することができる。そうやって保険をかけておけば、安心というもの。こんなふうに決めて、それ以来、わたしたち三人は慎重に計画を進め、この夏休みについに実行となったのである。

*

イギリスは三人それぞれにとって、はじめての国だった。

Cくんは、昨年の韓国以来まだ二回目の海外渡航。Pくんはオーストラリアや東南アジアは旅したことがあるものの、ヨーロッパは初体験。わたしにしたところで、ヨーロッパは大陸が中心で、アイルランドには行ったことがあるものの、イギリスは未踏《みとう》の地だった。

やっと実現したイギリス旅行である。飛行機が多少揺れようと、三人はウキウキしていた。これからロンドン、コッツウォルズ、湖水地方という、絵に描いたような定番コースを、楽しく旅してまわる予定である。早く英語に慣れようと、CくんもPくんも機内で英語のペーパーバックをめくる。Cくんはスティーブン・キングの『ランゴリアーズ』という、飛行機の中で乗客のほとんどが消えてしまうというホラー小説を読んでいる。なにもここで読まなくても……とは思うのだが、行きの飛行機内から語学力を高めておきたい気分はよくわかる。それに、そんな恐怖なんて、現実には起こらないのだ。

いや、そうではなかった。わたしたちはその数時間後に、信じられないような turbulence に巻き込まれることになる。

*

ロンドン・ヒースロー空港に到着し、入国審査を無事に済ませた。ロンドンの地下鉄に乗るのはもちろんはじめてだが、駅には利用法の説明が書いてあるのだから、それを読めばよいだけのこと。言語がわかる国はありがたい。上手に乗り継ぎ、初日から二日間滞在するために予約しておいた、ヴィクトリア駅近くのホテルまで、まずまず順調にたどり着いた。

だが、そのホテルのフロント係から、思いがけないセリフを聞く。

「予約は取れていません」

そんなバカな！　宿泊予約担当のPくんは、あわてて確認書を差し出す。だがフロント係は相変わらず冷たい。

「これは予約確認書です。予約が取れているわけではないのです。あなたがたは日本で確認を取ってくるべきでした。残念ながら部屋はありませんし、本日はあいにく満室です」

青ざめるPくんとCくん。長時間の移動と時差で疲れきっているところに、未知の国で宿なし状態になろうとは。いったい、どうしたらいいのだ？

ここで、わたしの登場。

「わかりました。仕方がありません。しかし、あなたのコネを使って、他のホテルに当たってみることはできるでしょう？　どこか近くで、空いているホテルがないか、問い合わせてもらえませんか」

これにはフロント係も納得。さっそく電話をしてくれ、ほんの数メートル先にある別のホテルに、少なくとも今夜一泊はできることを確認してくれた。やれやれ。

今回の旅行は、みんなで手分けして手配をした。Cくんは飛行機チケット、Pくんは宿泊、そしてわたしは「お金と非常事態」である。

実はわたし、若いころは通訳添乗員のバイトで大学院の学資を稼いでいた。旧ソ連という面倒臭い国を相手に交渉してきた経験が、こういうときに役立つ。大丈夫、なんとかするから、安心していいよ。

なんとかする自信の根拠は二つあった。

一つはイギリスの場合、旧ソ連のような面倒がないこと。あの国はシステムからして制約があってタイヘンだったが、ここは「資本主義文明国」。お金さえあれば、なんとかなる。
そしてもう一つは、ことばが通じることである。

A friend in need is a friend indeed. という。「まさかの友は真の友」、つまり困っているときに助けてくれるのが、本当の友だちという意味である。これに倣《なら》えばA language in need is a language indeed. なのだ。困ったときに使えるのが、本当にできる言語ではないか。

Cくんも P くんも、英語のプロなんだから、この先はことばを駆使して交渉できるはず。まずはわたしがやってみせたけど、これからは何かあったら二人でやるんだよ。これが今回の旅のミッション。

その後、翌日の宿はCくんが交渉して、別のホテルを予約してくれた。フロント係のおばさんのクセのある英語に対応しながら

C「ああ、インド人ALTの英語に慣れておいてよかった！」

ホントに、語学では何が役に立つかわからない。とにかく、彼らはこれでまた、一回り成長したのである。

すでにお気づきのことと思うが、Ｐくんはおっとりしていて、ときどきとんでもないミスをやらかす。今回の旅行を事前に準備している段階でも、日程の途中でホテルの予約が抜けていたり、あるホテルでは三人で一泊のところが二人で二泊になっていたりと、すでにいろいろやってくれた。そのたびにＣくんがそれを鋭く指摘して、Ｐくんにあれこれ対処させる。

だがＣくんは、そんなＰくんのことをとても気に入っている。

Ｃ「Ｐくん、今度こそ絶対いっしょに海外へ行こうね。行かなきゃダメだよ。だって、ぼくと先生の二人だったら、それってフツーの旅行になっちゃうもん。Ｐくんが来てこそ、おもしろいことが起こるんだからさ」

そう、若き英語教師は冒険を求めているのである。

わたしにしたところで、ホテルの予約が取れていないのは困るのだが、それ以外だったら、彼の周りで起こる小さな事件を観察することで、なかなか勉強になる。

たとえば三日目、ロンドンのホテルをチェックアウトするときのこと。前日にロンドンを歩き回って、早くもお土産でトランクが重くなっているＰくんは、さらにペットボトルの水やらお菓子やらを抱えて、ヨチヨチとフロントに出てくる。そして鍵をフロントへ返そうと手を伸ばすのだが、同時に持っていたお菓子の袋をバサリと落とす。

フロント係のお嬢さんも、これには苦笑。

"Lovely!"

この形容詞、ふつうは「美しい」とか「素晴らしい」とかいった意味だが、この場合はちょっと違う。調べてみると、イギリスでは「ひどい」という意味があるらしい。でもそんなに怒っている様子はないから「あらあら、やらかしたわね」くらいのニュアンスか。それとも「ウケル～」という感じのほうが近いだろうか。ほかにも「ありがとう」という意味のイギリス用法もある。とはいえ、フロント係のお嬢さんは標準とは少し違った英語を話しているみたいだし、本当のところはよくわからない。いや、言語とは、いつでも完全にわかるとは限らないのである。

Pくんの人のよさは、どこの国の人でもわかるらしく、みんなが彼に話しかける。ウエストミンスター寺院前では、アヤシゲな宗教活動家から花を押し売りされてしまったりもするが、ことばを使う上では話しかけられやすい性格はプラスである。

また、Pくんは英語を話すときに物怖《ものお》じしない。

たとえばパブに行く。今回のイギリス旅行中、わたしたち三人は毎晩パブを訪れた。ハシゴをしたことすらある。パブではカウンターへ出向いて、直接注文するのが原則。そういうとき、Pくんは実に積極的なのである。

席を見つけると、Pくんはすぐにメニューを握り締め、あっという間にカウンターへ。ときにはCくんが手伝うこともあるが、Pくんが一人で奮闘することも少なくなかった。カウンターには大抵おじさんがいて、多くの客をさばくだけでも忙しいだろうに、Pくんの英語に辛抱強く耳を傾けている。遠いのでどんな会話をしているかはわからないのだが、しばらくするとビールだけをテーブルへ運んでくる。

P「注文してきました。料理は運んでくれるそうです」

まるで任務遂行の報告だ。いや、彼は任務を遂行しているのである。

「会話は苦手」とふだんから自称するPくん。だが、こういうときには何のためらいもなく、英語で上手にコミュニケーションをとっている。だったらいったい、会話って何なのだろう?

買い物でもそうだ。

四日目、コッツウォルズのモートン・イン・マーシュにて。バスを待つ合間に買い物をしていたのだが、お菓子の好きなPくんは、キャンディーなどが並ぶ中にラムネらしきものを発見。だが、本当にラムネかどうかは確信が持てない。そこでレジに持って行き、お店の人に質問する。

Ｐ「ラムネ？」

近くで見ていたわたしは、思わず声を上げてギャハハと笑う。おいおい、そのまま訊ねるの？ラムネは英語でlemonadeとかlemon popといって、「ラムネ」はそのlemonadeが日本語に入ったときの音訳《おんやく》だよ。しかもふつうは飲み物を指すから、キャンディーの場合は……ところがである。お店の人にはなぜか通じていて、話が進んでいる！

Ｐ「やっぱりラムネでした！」

嬉しそうに報告しながら、わたしとＣくんにラムネをくれるＰくん。少し酸《す》っぱいラムネを口に含みながら、わたしは彼が天使に見えた。相手を会話に引き込む天使。話してみなけりゃ、はじまらない。言語とはまさにそういうものなのである。

Ｐくんのは Ｐは pure を表しているのかもしれない。

Adjective

わたしたちの地方巡りは、コッツウォルズと湖水地方という、どちらも有名な観光地を回る計画で、それぞれ宿を取っておいた（こちらはちゃんと取れていました）。ところが、その間をどのように移動するか、CくんもPくんもあまり考えていないようだった。

イギリスは観光客にとても親切にできている国なのだが、鉄道などの交通網は、やっぱりそれなりに難しい。とくにロンドンを経由せず、地方都市から地方都市への移動は、いろいろ複雑なことになる。わたしは念のために、あらかじめ可能なルートを調べておいたのだが、それでは研修にならない。いや、二人ならなんとかするはずだという確信があったので、このことは黙っていた。

Cくんはコッツウォルズ地方チッピング・カムデンに着くなり、翌日に向かう湖水地方ウィンダミアへのアクセスが心配になった。そこでこの小さな町の小さなインフォメーションセンターで、問い合わせることにしたのである。

C「すみません、このチッピング・カムデンから湖水地方ウィンダミアまでの明日の交通手段を知りたいのですが」

インフォメーションセンターには、人のよさそうな年配の男性と女性が働いており、二人は夫婦に見えた。Cくんの質問を静かに聴いていた老夫婦だが、この申し出にはさすがにビックリした様子で、思わず笑い出した。「そりゃまたずいぶんと遠くまで旅をするんですねえ。どんな複雑なことになるかわかりませんが、とにかくやってみましょう」

それからずいぶん時間をかけて、老夫婦はわたしたちの明日のルートを調べてくれた。ときどき、二人はCくんに質問し、彼も静かに答える。その応対ぶりは堂々としたもので、イギリス四日目には見えなかった。

あれこれ調べた挙句《あげく》、いちばんいいルートを見つけてもらう。わたしたちは感謝の念に堪《た》えなかった。ここは公設ではなく、私設のインフォメーションということなので、寄付も兼ねてパンフレットやネクタイピンを買った。そのあとで、Cくんはもう一つ質問したいといった。今度はどんな複雑なことを訊ねるのだろうと身構える老夫婦に、Cくんが質問したのはことばのことだった。

C「コッツウォルズに来て気づいたのですが、Cotswold と Cotswolds という二つの表記がありますね。これはどこが違うのでしょうか」

老人「ああ、それですか。それはこういうことです。Cotswolds というのは、この地方を示す場所の名称です。それに対して、Cotswold のほうは、そのあとに続く語があって、たとえばここにあるポスターにも Cotswold Village Hotel ってあるでしょう、こういうふうに使うんです。ええと、こういうのは……」

C「adjective ですか?」

老人「そうそう、形容詞。いや、そういうのはすっかり忘れちまって。よく覚えていますね」

Cくんは満足そうにお礼をいって、インフォメーションセンターを後にした。わたしは一足遅れてそこを出るとき、老夫婦にお礼を述べつつ、Cくんが日本から来た若い英語教師であることを伝えた。老夫婦は非常に納得のいった様子で頷《うなず》き、やさしく微笑《ほほえ》んでいた。

うーん、Cくん、決まったね！　英語教師たるもの、いつも心に文法を。

CくんのCは、間違いなくcleverを表しているのである。

Checkmate!

このように、ずいぶん性格の違うCくんとPくんなのだが、旅行中の二人は本当に仲がよかった。たいていは、Cくんが何かおもしろいことをいったり、またはPくんのことをちょっとからかったりして、それに対してPくんは心の底から笑い声を上げているというのがパターン。賢いCくんは自分の得意分野へPくんを導き入れ、いいように遊んでいる。その態勢は観光地でもホテルでもパブでも、常に変わることがない。

苦労してたどり着いた湖水地方ウィンダミアからロンドンへ戻るときのこと。電車が珍しく遅れたせいで途中の乗り継ぎに間に合わず、次の便はそのためか、ずいぶんと混んでいた。Cくんも P くんも、しばらくは大きな荷物を持って通路に立っていたが、そのうちうまい具合に席を見つけ、さらに要領よく並んで座ることができた。わたしは少し離れたところに座っていたのだが、乗客の多い割に静かだった車内には、ときどき P くんの楽しそうな、それでいて遠慮がちな笑い声が漏れていた。

ロンドンに戻り、ホテルへ向かう前に何か少しお腹に入れておこうと、駅のフードコートでそれぞれ好きなものを買って食べているとき、わたしは二人に、先ほどの車内でいったい何をしていたのかと訊ねてみた。

P「ああ、あれはしりとりなんです」

しりとり？ それはまた、ずいぶんかわいらしいことを。

C「電車の中は退屈ですからね。でも、ただのしりとりじゃありませんよ」

P「そうなんです。『英語お絵かきしりとり』なんです」

遊び方はこうだ。まず、電車の座席にあるテーブルを出して、その上にメモ用紙を置く。こうすれば書きやすい。しりとりはイラストだけでおこなうが、そのつながりは英語による。つまり「りんご」の絵が書いてあったら、りんごは apple なので、次は e ではじまる単語を考える。すると、次はたとえばeggで「たまご」の絵を描く。今度はgなので、たとえば「ぶどう」の絵を描いてgrapeといった具合につなげるのである。

このしりとりの難しいところは、絵が大きな役割を果たすところ。つまり、絵が下手だと相手に伝わらないのである。それに加えて、その絵が意味する英単語がわかって、しかもその綴りが正しく理解できていなければ続けられない。「ぶどう」を意味する英単語の最後の文字を、たとえばpだと勘違いしてpigeon「はと」の絵を描いたら、なにがなんだかわからなくなってしまう。

二人が対戦したあとのメモ用紙を見せてもらった。黒いペンを使っているのがCくんで、緑色がPくん。まずは緑色で描かれた「えんぴつ」のイラストから始まる。

「えんぴつ」pencil ⇩「肺」lung ⇩「のり」glue ⇩「消しゴム」eraser ⇩「指輪」ring ⇩「ギター」guitar ⇩「うさぎ」rabbit ⇩「墓」tomb ⇩「本」book ⇩「鍵」key ⇩「ヨット」yacht ⇩「歯」tooth ⇩「馬」horse ……

ここまで復元するのがタイヘンだった。単語は簡単でも、それを絵で表すのは難しい。Pくんの奇妙な絵を見てもさっぱりわからない。一方Cくんのほうは小さなイラストを実にうまく描いている。

C「ぼく、子どもの頃から絵が得意で、何度も賞をもらっていますから」

またしてもPくんはCくんサイドに引っ張り込まれていたわけだ。

さらにCくんはこれでなかなか勝負師である。高校時代には将棋に凝っていたそうで、攻めどころを心得ている。

このしりとりの特徴、すなわち英語の特徴は、最後がeで終わる単語は多いのに、eで始まる単語は少ないことにある。ここを突いて難しい単語を出せば、相手を窮地《きゅうち》に追い込めるのだ。

続けているうちに、Cくんにチャンスが巡ってきた。次はeで始まる単語である。Cくんの描いたものは次のような絵だった。地球と太陽の間に月がある。地球から見た図があって、そこには黒い太陽が輝く。

「日蝕」である。

難しい語だ。eから始まるのだが、果たしてちゃんと綴りが書けるか、わたしだって不安になる。

P「ええと……」

C「英字新聞を読んでいれば答えられるはずだよね」
四苦八苦するPくん。だがここで発想の転換。急に人間のお尻を描き出す。
C「なんで?」
P「これ、earthでしょ。だから次はhip」
C「違うよ。『日蝕』だからeclipseで、次はやっぱりeではじまるんだよ」
作戦は失敗。それにしても、わざと勝手な解釈をするなんて、素直なPくんにしてはうまい切り返しだ。
このしりとり、最後にxが来たら負けというルールにしていたが、実際にはそれどころでなく、むしろ二人が協力しながら続けていくという、不思議なゲームであった。これには感心。こんな知的なゲーム、ちょっと思いつかない。
と同時に、二人がそれぞれ持つ教師の顔を見た気がした。積極的に引っ張っていく先生と、やさしく受け止める先生。彼らはこんなふうに生徒と接しているのだろうか。

Do you speak English?

たった十日間のイギリス滞在だったが、言語を追い求める者にとっては、充分な収穫があった。なによりもイギリス英語は、わたしが学校で習ったアメリカ系の英語とは違っていることを確認した。音が違うし、語彙も違う。街を歩くたびに、地下鉄は subway じゃなくて underground なんだと再認識する。英語学の本を開くまでもなく、そんなことはどこでも書いてあるのに、現地で体験することは、また違った印象を与える。

しかしわたしにとって何より新鮮だったのは、Do you speak English? と訊ねられたことが一度もなかったことで、これはヨーロッパの他の国とは大きく違っていた。全体的に親切なイギリス人だが、ことばについては誰でも英語ができることが前提となっている。それがよいか悪いかはともかく、わたしたちは英語を話すことを期待されている。

ということは、若い英語教師にとっては、自らの力を試すチャンスが、いたるところに転がっているわけである。

Cくんはチケットを電話で予約するという、言語運用上もっとも難しい会話に挑戦し、見事、ミュージカル *Wicked* のチケットを三人分手に入れた。ふつうはホテルのフロントに頼んでやってもらうのだが、自分でこのような複雑な交渉が英語でできることは、本人も非常に自信を持ったようである。
一方Pくんは、ヘアカットに挑戦した。ふだんは「千円カット」で済ませている彼だが、ファッションの町ロンドンに来たのだからとCくんにそそのかされ、それぞれが自由行動をした九日目の午後に、髪を切ってきたのである。
P「髪型なんて、日本語でだってうまく説明できないのに、それを英語でやるんですから、ホント、緊張しましたよ」
それにしても、Pくん、その髪型って……。なんというか、よくいえば一九五〇年代のアメリカ風というか、*Back to the Future*の主人公マーティーのお父さんの若いころみたいというか……
C「それ、本当にhair salonとかで切ったの?」
P「いや、なんか、愛想の悪いおばさんのいるbarberだった」
C「barber! あのさ、それいくらした?」
P「ええと、11ポンド」
結局、Pくんはロンドンの「千円カット」を経験してしまったのであった。でもまあ、すごい経験だよね。

＊

わたしはCくんとPくんを見ていると、ある種の「渇《かわ》き」を覚える。真正面から英語に取り組む二人の姿は、この旅行を通して、英語にそれほど熱心でなかったわたしを、確実に惹きつけていった。英語をもっと知りたいという気持ちが、喉の渇きのようにわたしを襲う。そう、彼らと過ごしていると、英語がもっと知りたくなる。今だけではない。これからも長い時間をかけて、英語と付き合っていきたい。そんな気分にさせられるのである。

これまで、よい教師は渇きを癒すものだと考えていた。だが、そうではなかった。生徒に渇きを与える教師。もっと勉強したい気持ちにさせる教師。それがよい教師なのである。そのためには教師自身が、英語に対して深い愛着を持っていることが不可欠だ。押しつけるのはよくないが、教師が英語に惹かれる姿は、生徒を間違いなく引っ張っていく。

英語教師を辞め、英語から遠ざかっていたわたしは、CくんとPくんによって再びその魅惑の世界へと導かれていった。

これこそが「本物」の英語なんだなあ。

ロンドン市内からヒースロー空港へ向かうエクスプレスの中で、わたしはそんなことを考えていた。この気持ちは、帰国したあとも変わっていない。

ロンドンのパブにて。左からメガネのＰくん、わたし、Ｃくん。
この三人が飲んでいるところを見かけたら、「研修中」ですのでそうっとしておいてください。

おわりに

イギリスから帰ってくると、昔の教え子からメールが届いていた。

「黒田先生。蒸し暑い日が続きますが、お元気でしょうか。
ボクは相変わらず虫の息です。
でも、黒田先生とビールをグイッとやれば、一気に回復すると思います！」

……なんだか、わたしの教え子って、こんなのばっかりだな。
もちろん、すぐに会うべく返事を書く。

＊

東京・有楽町の某ビアホール。彼と会うのは一年半ぶりであった。今は出版社に勤務して雑誌の編集に携わっているが、かつてロシア語の専門学校でわたしに習っていたことがある。

「あの頃って、君、確か高校生だったよね。それなのにロシア語を勉強しにせっせと通ってきて、まあそれがかつての自分に重なるところもあったから、よく覚えているんだけど。それにしても、あのときはいくつだったの？」

「一年生だったはずですから、十五歳ですね」

ということは、わたしは二十五歳だな。

つまり、いまのCくんやPくんと、彼らの教え子との年齢関係と同じである。

「あの頃の黒田先生って、そりゃすでに堂々としていましたけど、なんというか、『お兄さん』って感じでしたね。あっ、他にも年齢の近い先生方がいらっしゃいましたけど、彼らは違うんです。黒田先生だけが『お兄さん』でした」

そうか、そんなふうに見ていたのか。

それにしても、今から二十年前の話である。かつての高校生は、すっかり社会人らしくなった。いや、彼は昔から、ずいぶん大人びて見えたっけ。でも当時は、いっしょに飲むこともできない年齢だったことを、改めて思い出した。

＊

当然のことだが、わたしもかつては新人教師だった。

家庭教師や塾講師を除けば、はじめて教えたのは某商社の企業研修。あの頃は二十二、三歳。研修を受ける商社マンのほうがずっと年上で、こっちはなるべく大人に見せようと、ネクタイをきっちり締めて授業に臨んだ。

大学で非常勤講師となったのは二十八歳のとき。学生たちはわたしが教師であることをなかなか信じてくれない。学生だけでない。大学の事務室に行っても「何か用？」といった感じで、まったく相手にしてもらえなかった。

そんなわたしでも、ちゃんと歳を取る。

最近では、ネクタイをしなくても教師だとわかってもらえる。学生と間違われることはもうない（はず）。「先生」と呼ばれることにもすっかり慣れてしまった。最近では、教えた覚えのない人までがわたしを「先生」と呼ぶ。

それでも、かつての自分の姿を忘れたわけではない。新人教師時代を鮮明に覚えている。あの頃は不安も多かった。どうやって教えるか試行錯誤していた。そして自分自身の外国語能力を高めるために、いろんなことをやってみた。

結局、いまのCくんやPくんと、何ら変わりないのである。

そう考えると、この本はかつての自分に宛てたメッセージなのかもしれない。

＊

外国語を勉強するのは、とても楽しいことだ。もちろん、英語だって同じ。役に立つとか、他人に差をつけるとか、そういうのは好きではない。そんなものを目指したら、ちっとも楽しくない。実用ばかりを目指す教師は、つまらない人間になってしまう気がする。ところが実際には、どこの企業もＴＯＥＩＣで英語の能力を測るのが当然となり、その対策を立てることが英語を学ぶことになってしまっている。その現状を変える力は、残念ながらわたしは持ち合わせていない。でも、おかしいことはおかしいのだ。

なんとかして、もっと別の方向が考えられないかな。そのためにはどうしたらいいんだろうか。そんなことをあれこれ考えて、この本ができた。

理想ばかりの夢物語に思えるかもしれない。でも、教育には理想や夢がどうしても必要なのである。

ぼくたちの英語は、ちょっと違う。そのちょっと違う英語を、これからもＣくんやＰくんといっしょに、探し続けていく。

本書は思いのほか早く出来上がった。

三修社からはじめて連絡をいただいたのが、今年の一月。ということは、一年以内で完成したことになる。それ以外にも異例ずくめの進行だった。ふつう著者と編集者は一対一の関係なのに、今回は多くの編集者に囲まれて、あれよあれよという間に、どんどん話が進んでいった。社内には「黒田先生と仕事をする会」まで発足したという。略して「クロシゴ会」、でもこれってどう考えても「黒田をシゴく会」にしか思えない。

しかしながら、とくにシゴかれたということもなく、むしろ上手に乗せられて、気分よく執筆することができた。ここ数年かけて温めていたテーマがこのようなかたちでまとまり、とても嬉しい。「クロシゴ会」メンバー、中でも会長である北村英治編集長と、原稿を丁寧に読んで細かいチェックをしてくださった上山直寛さんに、感謝を申し上げます。

二〇〇九年十月　　黒田龍之助

黒田 龍之助 (くろだ・りゅうのすけ)

1964年東京都生まれ。上智大学卒業。東京大学大学院修了。東京工業大学助教授、明治大学助教授などを歴任し、ロシア語、英語、言語学を担当。現在は、専任を持たず且つ専攻言語のみにとらわれないという意味での「フリーランス」語学教師として、執筆と講演を中心に活動中。専門はスラブ語学、言語学。2001~2002年度NHKテレビ「ロシア語会話」、2008年度NHKラジオ「まいにちロシア語」講師。
著書に『羊皮紙に眠る文字たち』『外国語の水曜日』『その他の外国語』(以上、現代書館)、『ロシア語のかたち』『ロシア語のしくみ』『ニューエクスプレス ロシア語』『にぎやかな外国語の世界』(以上、白水社)、『ウクライナ語基礎1500語』『ベラルーシ語基礎1500語』(以上、大学書林)、『ポケットいっぱいの外国語』(講談社)、『はじめての言語学』『世界の言語入門』(以上、講談社現代新書)、『語学はやり直せる!』(角川oneテーマ21)がある。

ぼくたちの英語

2009年11月30日 第1刷発行

著 者 黒田龍之助
発行者 前田俊秀
発行所 株式会社 三修社
〒150-0001 東京都渋谷区神宮前2-2-22
電話 03-3405-4511
FAX 03-3405-4522
振替 00190-9-72758
http://www.sanshusha.co.jp
編集 北村英治・上山直寛

印刷所 萩原印刷株式会社
製本所 牧製本印刷株式会社

ISBN978-4-384-09645-3 C0080

ブックデザイン 清岡秀哉

△本当に語學を物にしようと思つたら、或種の悲壯な決心を固めなくつちやあ到底駄目ですね。まづ友達と絶交する、その次には嬶アの横つ面を張り飛ばす、その次には書斎の扉に鍵をかける。書斎の無い人は、心の扉に鍵を掛ける。その方が徹底します。

△意地は汚いほど宜しい、諦めは悪いほど結構、凝り性で、業慾で、因業で、頑瞑で、意地つ張りで、人に負けるのが大嫌ひで、野心家で、下品で、交際憎くて、可愛げがなくて、『こんな奴と同居したら嘸面白くなかろう』と云つたような性格……私はそんなのを尊びます。かう云ふ一面を持たうと欲しない人は、本當に勉強はよしたが好い。殊に語學は。殊にドイツ語は。

△勿論人に好かれない事は覚悟の前でなければなりませんよ。人に好かれてどうなるものですか。人にだけは好かれない方がよろしい。そんな量見だけは決して起こす可からずです。餘計なことですからね、『人に好かれる』なんて、人に好かれるやうな暇があつたら、その暇にしなければならない事はいくらでもあります。

（関口存男「語學をやる覺悟」より）

荒木茂雄・真鍋良一・藤田栄 編

関口存男の生涯と業績(POD版)

ISBN978-4-384-70118-0

A5判並製542頁

定価税込10,290円

現代においてこそさらなる威力を放つ、
アフォリズムに満ちた名エッセイの数々……。
そして、関口家の人々や旧知の知人、門下生ら
総勢70名超が語るエピソードから明らかにされる
語学の哲人・関口存男の全貌———。

三修社